图书在版编目（CIP）数据

中国共产党是怎样的党 / 李东方 , 陈印昌著 . --
北京 : 五洲传播出版社 , 2022.12

（“中国道路与世界之问”丛书 / 陈晋主编）

ISBN 978-7-5085-4730-5

Ⅰ . ①中… Ⅱ . ①李… ②陈… Ⅲ . ①中国共产党—
研究 Ⅳ . ① D2

中国版本图书馆 CIP 数据核字 (2022) 第 183768 号

“中国道路与世界之问”丛书

总 主 编：陈 晋
出 版 人：关 宏

中国共产党是怎样的党

著　　者：李东方　陈印昌
责任编辑：刘　波
装帧设计：北京青心见画文化艺术有限责任公司
图片提供：新华社　中新社　视觉中国
出版发行：五洲传播出版社
地　　址：北京市海淀区北三环中路 31 号生产力大楼 B 座 6 层
邮　　编：100088
发行电话：010-82005927，010-82007837
网　　址：http://www.cicc.org.cn　http://www.thatsbooks.com
承　　印：中煤（北京）印务有限公司
版　　次：2023 年 1 月第 1 版第 1 次印刷
开　　本：787mm×1092mm　1/16
印　　张：11.25
字　　数：120 千字
定　　价：58.00 元

中国道路与世界之问

总主编 · 陈　晋

中国共产党是怎样的党

李东方　陈印昌 ◎ 著

五洲传播出版社

图为浙江嘉兴，南湖革命纪念馆内展出的红船模型。

前言

1920年初，在一辆去往天津的骡车上，李大钊和陈独秀商量着，要建立一个党来救中国。

1921年夏，在上海一座石库门住宅里，十几个年轻人聚在一起，开会研究建立中国共产党的问题。最终，在嘉兴南湖中的一艘游船上，他们完成了这一工作。

中国共产党成立了。这是中国历史上开天辟地的大事件。从此，中国人民谋求民族独立、人民解放和国家富强、人民幸福的斗争就有了主心骨，中国人民在精神上由被动转为主动。

中国共产党是一个怎样的党呢？

中国共产党已走过百年奋斗历程。在百年波澜壮阔的历史进程中，中国共产党紧紧依靠人民，跨过一道又一道沟坎，取得一个又一个胜利，为中华民族作出了伟大的历史贡献：它团结带领中国人民进行了长期的浴血奋战，打败了日本帝国主义，推翻了国民党反动统治，完成了新民主主义革命，建立了中华人民共和国；它团结带领中国人民完成社会主义革命，确立社会主义基本制度，消灭一切剥削制度，推进了社会主义建设；它团结带领中国人民进行改革开放的伟大新革命，极大激发了广大人民群众的创造性，极大解放和发展了社会生产力，极大增强了社会发展活力，人民生活显著改善，综合国力显著增强，国际地位显著提高。它团结带领中国人民，自信自强，守正创新，统揽伟大斗争、伟大工程、伟大事业、伟大梦想，创造了新时代中国特色社会主义的伟大成就。经过接续奋斗，中国共产党带领全国人民完成脱贫攻坚、全面建成小康社会的历史任务，实现第一个百年奋斗目标，实现了小康这个中华民族的千年梦想。

历史充分证明：

中国共产党是一个由最先进阶级组成、始终站在时代前列，为中国人民谋幸福、为中华民族谋复兴的政党。

中国共产党是一个以马克思主义理论武装起来的具有强大理论优势的政党。

中国共产党是一个具有共产主义远大理想，并为实现这个远大理想而不懈奋斗的政党。

中国共产党是一个具有严密组织体系、具有强大组织优势的政党。

中国共产党是一个具有严明纪律并严格执行纪律的政党。

中国共产党是一个密切联系人民群众、全心全意为人民服务、没有任何政党私利的最无私的政党。

中国共产党是一个坚持真理、修正错误，坚持自我净化、自我完善、自我革新、自我提高的勇于自我革命的政党。

那么，中国共产党人是一群什么样的人呢？

在中国共产党的百年奋斗历史中，我们也找到了答案：

中国共产党人是用“特殊材料”制成的时代楷模。他们胸怀远大理想，信念坚定；他们不惧任何敌人，视死如归；他们能战胜各种困难，勇往直前；他们热爱自己的祖国，默默奉献；他们勇于探索，敢为人先；他们为人民服务，廉洁奉公。这就是中国共产党人，在他们身上，体现了中国共产党的人格力量。

正是中国共产党的这些特质，保证了中国共产党能够始终站在时代前列，引领着中国社会前进的正确方向，保证了中国共产党不断从胜利走向胜利，保证了中国共产党带领中华民族迎来从站起来、富起来到强起来的伟大飞跃。如今，中国共产党正团结带领全国各族人民行进在全面建成社会主义现代化强国、实现第二个百年奋斗目标，以中国式现代化全面推进中华民族伟大复兴的壮阔征程上。

目录

第六章　成功的密钥：中国共产党的自我革命精神

第七章　时代的楷模：中国共产党的人格力量

第一章

历史的必然：中国共产党是怎样成立的？

中国人民为什么接受了马克思主义？

中国是一个历史悠久的文明古国。中华民族以自己的勤劳和智慧，创造出在世界领先的古代文明，为人类发展进步作出了重大贡献。

但是，到了近代，西方一些国家经过资产阶级革命，并相继完成了工业革命，迅速强大起来。而此时统治中国的清王朝对外闭关锁国，对世界大势茫然不知，傲慢自大；对内剥削严重，百姓困苦。至19世纪三四十年代，清王朝由盛而衰的颓势日益加深，陷入危机四伏的境地。

1840年，西方头号资本主义强国英国发动了侵略中国的鸦片战争，用坚船利炮轰开了中国的大门，迫使清政府签订了中国历史上第一个丧权辱国的不平等条约——中英《南京条约》，割地赔款。从此，西方侵略者纷至沓来，又相继发动了第二次鸦片战争、中法战争、中日甲午战争、八国联军侵华战争等，迫使清政府签订了一个又一个屈辱的条约，使中国的主权和领土完整受到严重侵害。帝国主义国家或侵占中国的领土，或勒索中国的“赔款”，或在中国的土地上划分“势力范围”、设立租界、驻扎军

1840 年鸦片战争后，中国沦为半殖民地半封建社会。图为位于广东省东莞市虎门的鸦片战争博物馆。

队，利用不平等条约赋予的特权操纵中国的财政和经济命脉，支配中国政治，进而在中国攫取巨额利益。

在帝国主义和封建主义的双重压迫下，中国的广大人民，尤其是占中国人口绝大多数的农民，日益贫困化以致大批破产，过着饥寒交迫和毫无政治权利的生活。中国人民的贫困和不自由的程度，是世界所少见的。

从鸦片战争开始，中国人民为了反抗外敌入侵和改变社会现状，同外国侵略势力和本国的封建势力进行了长期英勇顽强的斗争。面对日益严重的民族危机和社会危机，中国的出路何在？中国社会各阶级从各自立场出发，提出了不同的救国主张。

地主阶级中的洋务派提出“自强”“求富”的口号，主张“中学为体，西学为用”“师夷长技以制夷”，企图在维护清王朝腐朽的封建社会制度和伦理原则的前提下，引进西方资本主义国家新的军事和生产技术，以达到富国强兵的目的。但是，1894年至1895年的中日甲午战争中清军的惨败，宣告了洋务运动的破产。

少数农民领袖尝试用武装斗争改变中国命运。1851年，洪秀全等在广西金田村发动起义，一路攻城略地，建立了太平天国，这次起义是中国旧式农民战争的高峰。1898年至1900年兴起的义和团运动，则是又一场震撼中国大地的以农民为主体的反帝爱国运动。他们的英勇斗争给予外国侵略者和本国封建统治者以有力的打击。但是，作为小生产者的广大农民，并不代表新的生产力和生产关系，更没有先进的理论作为指导。太平天国的天王洪秀全在领导太平军攻下南京后，很快腐化堕落。义和团被清朝统治者利用之后，遭到清政府与外国侵略者的联合剿杀。他们的斗争以失败而告结束。

19世纪90年代至20世纪初，中国的民族资产阶级逐渐发展起

漫画《时局图》。该图充分暴露了 19 世纪末列强瓜分中国的野心和清政府的昏庸。图中熊代表俄国，虎代表英国，蛇代表德国，蛤蟆代表法国，太阳代表日本，鹰代表美国。

孙中山倡导“三民主义”（民族、民权、民生），追求“天下为公”。这使他成为资产阶级革命派公认的领袖。图为孙中山手书“天下为公”横幅。

来。与此相适应，中国产生了一批主张进行资产阶级改良、革新的人物。1898年是农历戊戌年，以康有为、梁启超、谭嗣同、严复等人为主要代表的资产阶级维新派，在中国掀起了一场变法维新运动，史称“戊戌变法”。维新变法得到了光绪皇帝的支持。维新派主张仿效西方，在中国建立君主立宪的政治体制，实施资产阶级性质的改良，以推动中国资本主义经济、文化的发展。但是，他们的力量太小，更缺乏斗争经验，仅仅依靠一个没有实权的皇帝，企图推行自上而下的渐进式改良。1898年9月21日，慈禧太后发动政变，将光绪帝囚禁在南海瀛台，并宣布自己“训政”，下令捉拿康有为等维新派代表人物。康有为和梁启超分别避难到香港和日本，而谭嗣同拒绝出逃，24日被捕。9月28日，谭嗣同、杨锐、林旭、刘光第、康广仁、杨深秀等6人，被杀于北京菜市口，史称“戊戌六君子”。除屠杀维新派之外，慈禧太后还将支持变法的张荫桓发配新疆，将陈宝箴、江标等人革职，永不叙用。新政措施除京师大学堂得以保留外，其余全部被废弃，一切旧制也随之复辟。至此，持续103天的戊戌变法宣告彻底失败。这说明，在半殖民地半封建的旧中国，依靠封建统治者自上而下地进行带有资产阶级性质的改良，是根本不可能成功的。

改良的道路在中国走不通，旧式农民战争也注定失败，要救中国，只有革命。中国民主革命的伟大先行者孙中山率先在中国大地上举起了近代民族民主革命的旗帜。

早年的孙中山，也想通过改良的方式来实现富国强兵。年轻的孙中山曾写过《上李鸿章书》，主张“仿行西法，以筹自强”，并希望李鸿章能“玉成其志”。然而，孙中山并没有得到任何回复。他后来讲过，自己原本是赞同那种“欲以和平之手段、渐进之方法请于朝廷，俾行新政”的运动的，只是由于在实践中不断碰壁，方知“和平方法，无可复施”“积渐而知和平之手段不得不稍易以强迫”。这在当时，是许多先进分子，包括黄兴、章太炎、陈天华等人共同的思想经历。

1894年，孙中山在檀香山成立革命团体兴中会，第一次响亮地喊出“振兴中华”的口号。1905年，中国同盟会在日本东京成立时，孙中山比较完整地提出了以建立一个资产阶级共和国为目标的政治纲领，并且努力用革命的手段来实现这个纲领。这个纲领就是“驱除鞑虏，恢复中华，创立民国，平均地权”。此后，孙中山又把它概括为三大主义，即民族主义、民权主义、民生主义，后被称为“三民主义”。革命党人发动的反清武装起义此起彼伏，动摇了满清王朝的统治。1911年10月10日，以武昌新军起义为标志，中国资产阶级革命派发动和领导辛亥革命，迫使清王朝宣统皇帝退位，建立了中华民国。

辛亥革命结束了统治中国几千年的君主专制制度，在中国大地上第一次树立起民主共和国的旗帜，有力地促进了中华民族的觉醒，推动了中国人民的思想解放，也为中国先进分子探索救国救民的道路拓宽了视野，为中国的进步潮流开启了闸门。总之，辛亥革命是20世纪中国第一次历史性巨变，是中国人民为改变自己命运而奋起革命的一个伟大里程碑。

可是，辛亥革命后的中国走势却完全超乎人们想象：中华民国虽然成立了，革命果实却落到以袁世凯为首的北洋军阀手里；与袁世凯称帝、张勋复辟的倒行逆施相呼应，思想界掀起一股尊孔读经的逆流；从西方学来的多党制、议会制，成为各派军阀、官僚、政客借以争权夺利的工具；1915年日本提出灭亡中国的“二十一条”，袁世凯与日本密谈签约，让中国再次蒙受奇耻大辱。在袁世凯当权时，北洋政府统治下的中国在形式上是统一的；1916年袁世凯称帝失败后，连这种形式上的统一也维持不住了。北洋军阀分成直系、皖系、奉系三大派系，各自割据一方，并以帝国主义列强在中国的争夺为背景，“乱哄哄你方唱罢我登场”“城头变幻大王旗”，形成愈演愈烈的军阀混战局面。军阀的专制统治和割据混战，给人民带来了无穷灾难。

“无量金钱无量血，可怜购得假共和。”辛亥革命的失败，宣告了资产阶级共和国方案在中国的破产，证明中国民族资产阶级由于其自身的软弱性，不可能领导中国人民完成反帝反封建的民族民主革命任务。许多立志为中国的独立和富强而奋斗的先进分子对资产阶级共和国理想产生了深深的怀疑，正是这种怀疑，推动着他们去探索挽救中国危亡的新途径。许多参加过辛亥革命或受到辛亥革命影响的人，后来成为中国早期的共产主义者，包括孙中山在内的一些人则成了中国共产党人的真诚朋友。林伯渠在回顾自己的思想转变历程时曾说："辛亥革命前，觉得只要把帝制推翻便可以天下太平，革命以后经过多少挫折，自己所追求的民主还是那样的遥远，于是慢慢地从痛苦经验中，发现了此路不通，终于走上了共产主义道路。"这不仅是一个人的经历，在革命队伍里，具有像林伯渠这样思想经历的人还有很多。

恰在此时，1917年，俄国十月革命一声炮响，给中国送来了马克思列宁主义。中国的先进分子从马克思列宁主义的科学真理中看到了解决中国问题的出路。十月革命发出的反对帝国主义的号召，使饱受帝国主义列强欺凌的中国人民感受到精神上的共鸣和鼓舞。这就推动了先进的中国人倾向于社会主义，推动他们认真了解指导十月革命的马克思主义学说。

当中国的思想界发生剧烈变化的时候，中国的社会结构也在悄悄发生深刻变动。第一次世界大战期间，西方主要帝国主义国家忙于在欧洲战场厮杀，暂时放松了对中国的经济侵略，中国民族资本主义经济得到比较迅速的发展，中国工人阶级和民族资产阶级的力量进一步壮大起来。五四运动前夕，中国产业工人已达200万人左右，成为一支日益重要的新兴社会力量。

1919年上半年，第一次世界大战中取胜的协约国在巴黎举行"和平会议"。中国代表在会上提出废除外国在中国的势力范围、撤退外国驻华军队等七项希望和取消"二十一条"（即1915年日本提出的旨在灭亡中国的条约草案及换文的陈述书）。但

北京大学红楼是中国近代史上李大钊、陈独秀、毛泽东最早传播马克思主义和民主科学进步思想的重要场所，也是五四运动的重要发起地，具有重要历史价值。图为学生们参观位于北京五四大街的北大红楼。

是，巴黎和会拒绝了中国的合理要求，把德国在山东的特权全部转交给日本。北洋军阀政府屈服于帝国主义列强的压力，准备在和约上签字。消息传到国内，中国人民积聚已久的愤怒终于像火山一样爆发了。

1919年5月4日，北京学生3000余人高呼口号，冲破军警的阻挠，从四面八方汇聚到天安门前，举行抗议集会，震惊中外的五四运动由此爆发。全国各地的学生相继罢课。6月5日起，上海工人自发举行声援学生的罢工，几日内，罢工工人达到六七万人。随后，北京、唐山、汉口、南京、长沙等地工人也相继举行罢工，许多大中城市的商人举行罢市，形成罢工、罢课、罢市的“三罢”高潮。斗争迅即扩展到20多个省区、100多个城市。五四运动突破了知识分子的狭小范围，成为有工人阶级、小资产阶级和资产阶级参加的全国规模的群众运动。迫于人民群众的压力，北洋军阀政府不得不释放被捕学生，并宣布罢免曹汝霖、章宗祥、陆宗舆等三个亲日派官僚。6月28日，中国代表没有出席巴黎和约签字仪式。

五四运动是中国近代革命史上具有划时代意义的事件，标志着新民主主义革命的伟大开端。五四运动以彻底反帝反封建的革命性、追求救国强国真理的进步性、各族各界群众积极参与的广泛性，推动了中国社会的进步，促进了马克思主义同中国工人运动的结合，为中国共产党成立作了思想上干部上的准备。

五四运动前后，中国的先进分子从巴黎和会所得到的教训中，认识到帝国主义列强联合压迫中国人民的实质。民族意识的广泛觉醒，是社会主义思想在中国进一步传播的直接原因。1920年三四月间，《东方杂志》等刊物刊登苏俄政府第一次对华宣言，宣布废弃沙俄在中国境内享有的一切特权，这对社会主义思

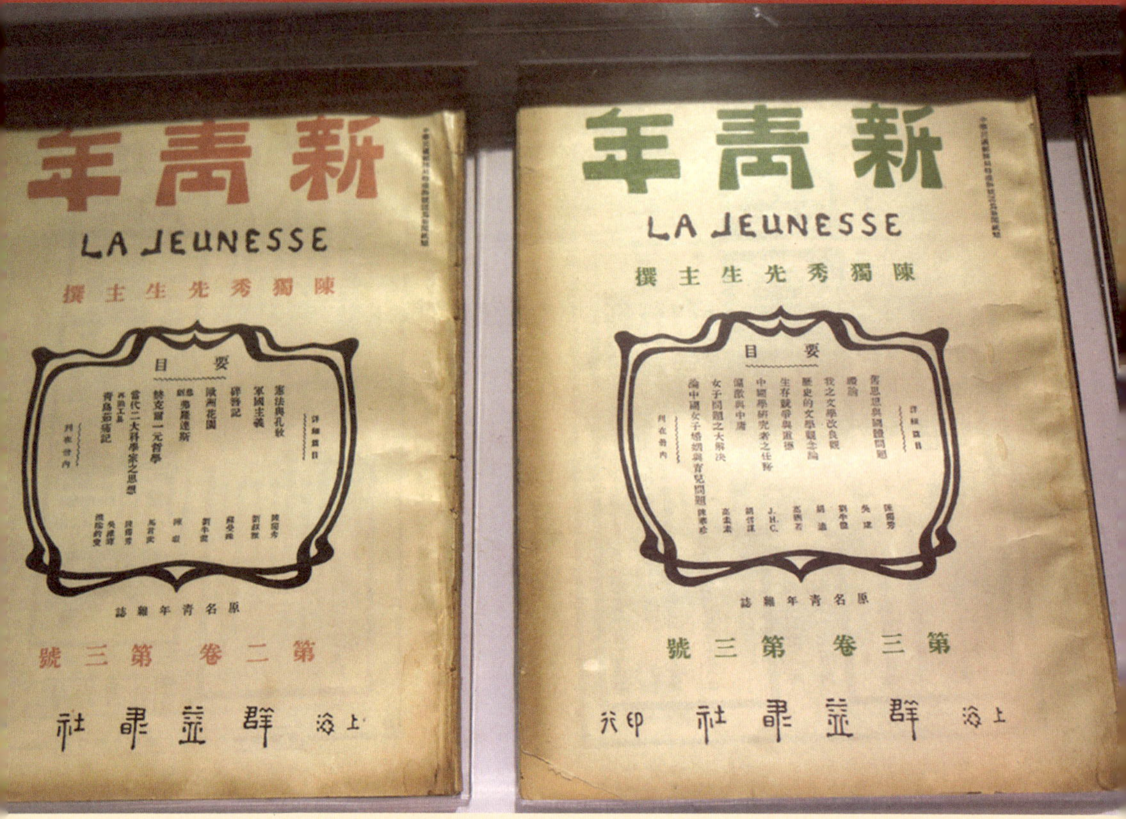

《新青年》是 20 世纪 20 年代中国最早的一份思想启蒙刊物，也是中国最早介绍社会主义和共产主义思想的刊物。图为《新青年》封面。

想在中国的传播给予新的有力推动。研究和宣传社会主义，逐渐成为进步思想界的主流。

正是在这种情况下，许多原来有着不同经历的先进知识分子，经过深思熟虑和反复思考，通过不同的途径，走上马克思主义的道路。

1919年，李大钊将《新青年》第六卷第五号编为“马克思主义研究”专号，并帮助北京《晨报》副刊开辟了“马克思研究”专栏。新文化运动的思想领袖陈独秀，在五四运动以后宣称，我们不应当再走“欧美、日本的错路”，明确宣布用革命的手段建设劳动阶级的国家。毛泽东在其主编的《湘江评论》上，热情歌颂十月革命的胜利，认为这个胜利必将普及于世界，我们应该起而仿效。毛泽东后来回忆说：“到了1920年夏天，在理论上，而且在某种程度的行动上，我已成为一个马克思主义者了。”一些老同盟会员，也在这时开始转向无产阶级的社会主义。董必武曾回忆道，过去和孙中山一起搞革命，“革命发展了，孙中山掌握不住，结果叫别人搞去了。于是我们就开始研究俄国的方式”。

随着马克思主义在中国的广泛传播和一批确立了马克思主义信仰的先进分子的出现，在中国成立共产党组织的思想和干部条件已经具备，建立工人阶级政党的任务被提上了日程。

各地共产党组织的成立

在中国共产党历史上，有一个“南陈北李，相约建党”的生动说法，说的是陈独秀和李大钊，一个在上海，一个在北京，先后建立了中国共产党的早期党组织，并为党命名的故事。

1920年2月，在北京的陈独秀被北洋军阀政府下令通缉。为躲避敌人的搜捕，陈独秀在好友李大钊的帮助下，秘密前往天津，然后乘船去上海。在去往天津的途中，两人商量决定，分头在南方和北方进行建党的准备工作。

1920年3月，在李大钊的指导下，罗章龙、高君宇、邓中夏、刘仁静等人在北大图书馆主任办公室，秘密成立了马克思学说研究会，并使用北大两间较宽敞的房间做活动场所。他们通过北大教育讲演团，到长辛店产业工人中去活动，成立工人补习夜校、识字班等，在工人中宣传马克思主义，启发工人觉悟，并组织工人成立工会。在马克思学说研究会的19名发起人中，后来有16人加入了中国共产党。

陈独秀离开天津抵达上海后，经常跟一些志同道合的友人聚在一起，讨论社会主义新思潮，并在此基础上组织了马克思主义研究会。陈独秀多次召集会议，商讨建党问题。1920年6月，陈独秀在自己的寓所环龙路（今南昌路）老渔阳里（后改称裕德里）2号，与李汉俊、俞秀松、施存统、陈公培等4人开会，决定建立上海中国共产党早期组织，即中国共产党上海发起组。会议推选陈独秀为负责人，决定以马克思主义为指导，并起草了具有党纲性质的若干条文。关于党的名称叫什么，是叫社会党还是叫共产党，陈独秀自己不能决定。于是，他于1920年8月间写信给李大钊，商量关于党的名称问题。李大钊给陈独秀回信说，就叫共产党。

在北京、上海等地筹备成立共产党组织的时候，共产国际和俄共（布）也准备派遣代表来华，以了解中国革命运动发展的情况和能否建立共产党组织等问题。

十月革命后，列宁领导的苏维埃俄国成为国际共产主义运

图为由李大钊创建的马克思学说研究会的成员合影。

动的中心。借助一战后欧洲和世界各地出现的革命形势，为改变苏俄政权极其困难的处境，列宁联合30多个国家的共产主义者于1919年3月发起成立共产国际，也称第三国际。此后，在共产国际的帮助下，世界上各主要国家的共产党纷纷成立。但不久之后，欧洲的革命浪潮趋于消退，列宁便把注意力越来越转向远东和中国，寄希望于那里的革命运动。

1920年，苏俄开始通过各种渠道派遣使者来到中国。其中，一个重要人物是维经斯基。他于1920年四五月间来华，先在北京会见了李大钊，又经李大钊介绍前往上海与陈独秀见面。通过双方的接触交谈，李大钊、陈独秀等人对俄国革命的情况和苏俄的政策有了具体的了解，维经斯基也初步了解到中国工人阶级的情况和马克思主义在中国传播的情况。随后，维经斯基又与上海其他一些进步社团广泛接触，并向陈独秀提出在中国建立共产主义组织的建议。

在筹备建党的过程中，陈独秀与维经斯基之间发生过一些分歧。主要是陈独秀坚持建立一个由坚定的共产主义者组成的党；维经斯基则试图把带有社会主义性质的团体联合在一起，先成立一个带有统一战线性质的同盟，待时机成熟后再成立布尔什维克式的党组织，并为此在上海成立了共产国际东亚书记处、上海革命局等机构。但实际情况表明，还是陈独秀的主张更可行。

1920年8月，中国第一个共产党早期组织在上海法租界老渔阳里2号《新青年》编辑部成立，当时取名为“中国共产党”，陈独秀为书记。该组织成立后，即通过写信联系、派人指导或具体组织等方式，积极推动各地共产党早期组织的建立，实际上发挥了中国共产党发起组的作用。1920年10月，北京也成立了共产党早期组织，地点在北大图书馆李大钊办公室，当时取名为“共产党小组”，只有李大钊、张申府和张国焘三人，以后又陆续发展了一些党员。1920年底，北京党组织召开会议，决定成立共产党北京支部，其成员大多是北京大学的进步师生。随后，武汉、长沙、广州、济南等地的先进分子以及旅日、旅法华人中的先进分子，也相继建立了共产党早期组织。

各地共产党早期组织成立后，有组织、有计划地开展了两项工作：一项是研究和宣传马克思主义，批判各种反马克思主义思潮。这时，新文化运动的阵营已发生分化，出现了关于马克思主义与无政府主义、实用主义、改良主义、实业救国等思想的论争。1920年9月，上海的共产党组织将《新青年》改为党的公开理论刊物，宣传马克思主义的基本理论，后又创办半公开的刊物《共产党》，介绍革命理论和党的基本知识，推动建党工作的开展，并出版了由陈望道翻译的《共产党宣言》最早的中译本。各地的共产党早期组织也采取出版报刊、成立马克思主义研究会和利用学校讲坛等多种形式，建立并扩大马克思主义的宣传阵地。另一项是深入到工厂、矿山、码头，开展工人运动，促进马克思主义同中国工人运动相结合。这时，中国产业工人的数量已达到200万左右，是支撑中国社会的重要力量。1920年春，陈独秀到上海后即到工人群众中宣传马克思主义。各地共产党早期组织成立后，也积极开展对工人的宣传和组织工作，出版工人刊物，利用“提倡平民教育”的合法名义创办各种劳动补习学校，结合工人的生活和斗争，诉说工人的要求，以通俗的方式传播革命道理，宣传马克思主义，在工人群众中引起广泛共鸣。

由于党的创建活动是在秘密状态下进行的，各地成立的早期组织没有统一名称，有的称“共产党支部”、有的称“共产党小组”，有的直称“共产党”。从性质和特征来看，它们都是后来组成的全国统一的中国共产党的地方组织。

最初的中国共产党组织没有经费来源、没有办公地点，也没有专职党务人员，一切都从零做起。例如，李大钊从自己工资中每月拿出80元做北京党组织的经费，并将自己租住的四合院作为办公地点，开展革命活动。

中共一大的召开

1921年6月初，共产国际代表马林和共产国际远东书记处代表尼克尔斯基先后到达上海，经与中国共产党早期组织成员陈独秀、李大钊等人联系，决定在上海召开中国共产党第一次全国代表大会。会议原定在7月初召开，后因各地代表难以按时抵达而推迟至7月下旬。

1921年7月23日晚，中国共产党第一次全国代表大会在上海法租界望志路106号（现为兴业路76号）一栋典型石库门式样的楼房里正式开幕。

国内各地党组织和旅日的党组织派出代表出席大会。他们是：上海的李达、李汉俊，北京的张国焘、刘仁静，长沙的毛泽东、何叔衡，武汉的董必武、陈潭秋，济南的王尽美、邓恩铭，广州的陈公博，旅日的周佛海，以及受陈独秀派遣的包惠僧。他们代表着全国的50多名党员。在广州的陈独秀和在北京的李大钊因为有其他事务未出席会议。共产国际代表马林和尼克尔斯基出席了这次大会。

会议原定由陈独秀主持，由于他未能出席会议，大会临时推选张国焘主持，毛泽东、周佛海担任记录。张国焘首先报告大会召开的重要意义、会议的筹备经过、文件起草情况以及会议日程安排等。马林和尼克尔斯基在会上致辞，由李汉俊、刘仁静即席翻译。

图为中国共产党第一次全国代表大会会址。

大会是在秘密状态下召开的，以至于湖南地区的共产党员谢觉哉，得知其同志兼好友何叔衡赴上海参会时，在其1921年6月29日的日记中记载："午后六时叔衡往上海，偕行者润之，赴全国

图为中共一大会址内景。

○○○○○之招。”谢觉哉在个人私密的日记中，用五个圆圈符号指代“共产主义者”，当然是为了保守秘密。

7月30日晚，代表大会举行了第六次会议。全体代表除周佛海因病缺席外都参加了会议，马林和尼克尔斯基也前来出席。按原定计划，这次会议先由共产国际代表讲话，对中共建党问题发表意见，然后再讨论通过《中国共产党的第一个纲领》和《中国共产党的第一个决议》。

然而，会议期间，一个身着灰色长衫的中年男子突然闯入，掀开门帘朝室内在座的人们环视一周后又匆忙离去。具有丰富秘密工作经验的马林询问了情况以后，建议会议立即中止，大家赶快离开此地。他与尼克尔斯基快速离去，其他代表也先后离开。为了不引起更大的怀疑，只留下李汉俊、陈公博两人以主人身份应付不测。稍后，法租界巡捕搜查了会议地点。

代表们走出会场后，穿小巷，走里弄，拐入渔阳里2号。这里是《新青年》编辑部。当晚12时左右，多数代表在《新青年》编辑部商量会议的下一步安排问题。大家一致认为：为了安全，必须更改开会地点。李达的夫人王会悟提议，会议可以转移到她的家乡浙江嘉兴召开。因为嘉兴的南湖环境清幽，游人不多，不易惹人注意，而且离上海不远，方便代表们往返。代表们表示赞同。马林和尼克尔斯基因为是外国人，容易引人注目，为减少意外，他们没有参加后面的会议。

此后，代表们先后到达嘉兴。王会悟到南湖的鸳湖旅馆定下两间客房，并委托旅馆账房代租一艘画舫。画舫是一种比较华丽的游船，船上雕梁画栋，陈设考究。船头搭有凉棚，便于遮阳挡雨，观赏风景；中舱设有桌椅，便于游人饮茶用饭；后舱是供游客小憩和船工住宿的地方。为了避人耳目，代表们带着乐器和麻

图为浙江嘉兴，位于嘉兴南湖的中共一大会址。

将牌，并在中舱的桌上摆上酒菜，以游山玩水作为掩护，王会悟则坐在船头观察四周的动静。

上船不久，下起了小雨，湖面上一些小船也渐渐散去。代表们乘坐的画舫在风景如画的南湖上缓缓划行，会议就在这时开始了。

这次会议继续7月30日在上海未能进行的议程，首先讨论和通过《纲领》和《决议》。党的纲领问题在前几次会议上已经作了比较详尽的讨论，因此没有再用多少时间。这次会上着重讨论了今后党的工作部署问题，比较具体地研究和安排了以工人运动为中心的各项实际工作，并将讨论结果形成党的决议。会议进行到下午1点多钟，一致通过了中国共产党的第一个纲领和中国共产党的第一个决议。

代表们稍事休息之后，继续开会，讨论《中国共产党成立宣言》。这份事先起草的简短宣言，大约1000余字，表明了中国共产党的基本信念和立场，号召中国工人阶级担负起社会革命的使命，争取自身的解放。由于当时党处于秘密状态，成立宣言后来没有公开发表。

大会进入最后一项议程——选举党的中央领导机构。考虑到当时的中共党员不过50多人，各地组织也不健全，所以决定不成立中央委员会，只成立中央局。会议通过选举产生由陈独秀、张国焘、李达三人组成的中央局。陈独秀任中央局书记，张国焘负责组织工作，李达负责宣传工作。

下午6时左右，代表们轻声呼喊口号“共产党万岁！第三国际万岁！共产主义——人类的解放者万岁！”代表大会胜利闭幕。

中共一大确定党的名称为“中国共产党”，党的纲领是“革命军队必须与无产阶级一起推翻资本家阶级的政权”“承认无产阶级专政，直到阶级斗争结束”“消灭资本家私有制”，以及联合第三国际。大会讨论了实际工作计划，决定集中精力领导工人运动，组织工会和教育工人。

这次大会是在反动统治的白色恐怖下秘密举行的，在社会上没有引起任何注意。但从这时起，在古老的中国大地上出现了一个完全新式的、以马克思主义为行动指南的、统一的和唯一的中国工人阶级政党。

中国共产党成立之初，党员人数很少，成分几乎是清一色的知识分子和青年学生。但是，中国共产党却采取了其他任何政党都没有采取过的办法，即深入中国社会底层，与工农结合，开展工农运动。先进的知识精英主动投身和引导以工农大众为主体的人民革命，这在中国历史上是第一次。

中国共产党第一次全国代表大会宣告了中国共产党的成立。中国共产党的成立，是近代中国历史发展的必然产物，是中国人民在救亡图存斗争中顽强求索的必然产物，是实现中华民族伟大复兴的必然产物。中国共产党作为中国最先进的阶级——工人阶级的政党，不仅代表着工人阶级的利益，而且代表着整个中国人民和中华民族的利益。它从一开始就坚持以马克思主义为行动指南，始终把为中国人民谋幸福、为中华民族谋复兴作为初心和使命。

中国共产党的创建，是中华民族发展史上开天辟地的大事件，具有伟大而深远的意义。从此，中国人民谋求民族独立、人民解放和国家富强、人民幸福的斗争就有了主心骨，中国人民从精神上由被动转为主动。经过100多年的发展，作为世界上最大的政党，中国共产党创造了人间奇迹，深刻改变了中国，也深刻影响和塑造着世界。

第二章

远大的理想：中国共产党人精神上的“钙”

中国共产党是一个以马克思主义为旗帜的党

马克思主义是中国共产党立党立国、兴党兴国的根本指导思想。实践告诉我们，中国共产党为什么能，中国特色社会主义为什么好，归根到底是马克思主义行，是中国化时代化的马克思主义行。拥有马克思主义科学理论指导是我们党坚定信仰信念、把握历史主动的根本所在。

1920年11月25日，27岁的毛泽东在写给新民学会会员向警予、欧阳泽、罗章龙等人的信中写道："主义譬如一面旗子，旗子立起了，大家才有所指望，才知所趋赴。"这个主义，就是马克思主义。

100多年来，这个不断走向成熟的政党，带领中国人民创造了改天换地的奇迹。无论革命战争时期、和平建设时期还是改革开放时期，中国共产党始终以马克思主义为指导思想和精神旗帜，从不曾丢弃。

从党的一大通过《中国共产党纲领》起，中国共产党作为马克思主义政党的性质便得以明确，与以往的资产阶级政党和其他社会党派有了严格区分。从党的二大通过的首部党章开始，马克

《共产党宣言》是中国传播范围最广的马克思主义著作，影响了一代革命者

思主义有关原理和要求就在党章中得以体现。从党的七大通过的党章开始，增设总纲部分，马克思主义作为指导思想被明确写入党章。

近代中国，面对日益严重的民族危机，实现国家、民族独立，人民解放成为时代课题。以毛泽东为主要代表的中国共产党人，以实现民族独立、人民解放为己任，把马克思列宁主义基本原理同中国革命的具体实际结合起来，创立了毛泽东思想，实现了马克思主义中国化的第一次历史性飞跃。在毛泽东思想指引下，中国共产党领导全国各族人民，经过长期的反对帝国主义、封建主义、官僚资本主义的革命斗争，取得了新民主主义革命的胜利，建立了人民民主专政的中华人民共和国；新中国成立以后，顺利地进行了社会主义改造，完成了从新民主主义到社会主义的过渡，确立了社会主义基本制度，发展了社会主义的经济、政治和文化。中国人民从此站起来了。

党的十一届三中全会以来，中国向何处走，中国选择怎样的发展道路，成为摆在中国共产党人面前的时代课题。以邓小平、江泽民、胡锦涛为代表的中国共产党人，立足于使中华民族“富起来”，以解决温饱和建成小康社会为阶段性目标，把马克思主义基本原理同中国改革开放的具体实际结合起来，形成了包括邓小平理论、“三个代表”重要思想、科学发展观在内的中国特色社会主义理论体系，实现了马克思主义中国化的第二次历史性飞跃。在中国特色社会主义理论体系指引下，党团结带领人民进行建设中国特色社会主义新的伟大实践，使中国大踏步赶上了时代，实现了中华民族从“站起来”到“富起来”的伟大飞跃。

中国特色社会主义进入新时代，如何实现由大到强、全面建成社会主义现代化强国，成为摆在中国共产党人面前新的时代课题。党的十八大以来，以习近平同志为核心的党中央，立足于使中华民族“强起来”，以实现中华民族伟大复兴为时代担当，坚持把马克思主义基本原理同中国具体实际相结合、同中华优秀传统文化相结合，坚持毛泽东思想、邓小平理论、“三个代表”重要思想、科学发展观，深刻总结并充分运用党成立以来的历史经验，从新的实际出发，创立了习近平新时代中国特色社会主义思想，实现了马克思主义中国化又一次历史性飞跃。在习近平新时代中国特色社会主义思想指导下，党团结带领人民进行伟大斗争、建设伟大工程、推进伟大事业、实现伟大梦想，推动党和国家事业取得全方位发展、开创性历史成就，发生深层次、根本性历史变革，中华民族迎来了从“富起来”到“强起来”的伟大飞跃。

中国共产党人深刻认识到，只有把马克思主义基本原理同中国具体实际相结合、同中华优秀传统文化相结合，坚持运用辩证唯物主义和历史唯物主义，才能正确回答时代和实践提出的重大问题，才能始终保持马克思主义的蓬勃生机和旺盛活力。

一个世纪以来马克思主义中国化的光辉历程，使中国这个古老的东方大国创造了人类历史上前所未有的发展奇迹。2018年5月，习近平总书记在纪念马克思诞辰200周年大会上的重要讲话中指出：“马克思主义的命运早已同中国共产党的命运、中国人民的命运、中华民族的命运紧紧连在一起，它的科学性和真理性在中国得到了充分检验，它的人民性和实践性在中国得到了充分贯彻，它的开放性和时代性在中国得到了充分彰显！”中华民族从“站起来”“富起来”到“强起来”的伟大飞跃，以铁一般的事实证明，只有社会主义才能救中国，只有社会主义才能发展中国，只有坚持和发展中国特色社会主义才能实现中华民族的伟大复兴。

中国共产党是一个具有远大理想的党

中国共产党的理想信念是什么呢？从其名称上来看，中国共产党之所以叫共产党，就是因为从成立之日起，就把共产主义确立为远大理想。

在党的第一次全国代表大会通过的中国共产党纲领中，为共产主义、社会主义而奋斗被确立下来，成为中国共产党人不懈奋斗的旗帜。中国共产党人为什么会选择共产主义作为自己的理想信念呢？这要从中国的传统文化和马克思主义者对于共产主义的科学认识说起。

在人类历史几千年的长河中，人们从未停止过对美好社会的憧憬与追求。在中国传统文化中，有圣王之世、大同社会、世外桃源等；在西方近代思想中，有理想国、乌托邦、太阳城等。马克思、恩格斯在批判继承以往的共产主义理想的基础上，对共产主义社会作出了这样的描述："在那里，每个人的自由发展是一切人自由发展的条件"，"只有在那个时候，才能完全超出资本主义法权的狭隘眼界，社会才能在自己的旗帜上写上：各尽所能，按需分配"。也只有在这样一个社会中，广大劳动人民、无产阶级才会获得真正的自由和解放，自由地发挥他们的全部才能和力量，成为真正的主人。

中国共产党人在对当时中国社会现实深刻认识的基础上，通过对各种制度、各种思潮、各种信仰的认真研究比较，得出了结论——共产主义社会是最文明、最进步、最合理、最美好、最值得先进分子追求的理想，是最有益于大多数劳苦大众的美好社会。由此，对这种美好社会的追求就成为中国共产党人矢志不渝的远大理想，成为中国共产党带领亿万人民为之浴血奋斗的最高纲领。对于这个结论，我们可以从中国共产党人早年对于共产主义的认识中找到线索。

1922年8月16日，周恩来在《共产主义与中国》一文中指出，只有共产主义才是中国乃至全世界的"救世良方"，才能铲除下层阶级的痛苦，造福大多数贫民阶级，才能使广大劳动者获得真正的解放。1940年1月，毛泽东在《新民主主义论》中，对中国共产党为什么选择社会主义、共产主义作为自己的理想信念作了这样的说明，“共产主义是无产阶级的整个思想体系，同时又是一种新的社会制度。这种思想体系和社会制度，是区别于任何别的思想体系和任何别的社会制度的，是自有人类历史以来，最完全最进步最革命最合理的”。他认为以往的封建主义、资本主义、形形色色的社会主义都不能代表人类文明进步的方向，都不能将中国带入一个光明的世界，都不能为广大的劳苦大众带来真正的幸福生活，而唯有“共产主义无限美妙”，可以使劳动者获得真正的自由与解放。

中国共产党人以马克思主义理论作为自己的行动指南，站在马克思主义唯物辩证法与唯物史观的高度，坚信实现社会主义、共产主义符合事物发展的规律，符合人类社会发展的规律，代表着人类文明发展进步的方向，符合历史发展的必然趋势。坚持社会主义道路，追求共产主义远大理想，就是走在“历史的必由之路”上。

2012年11月，习近平在十八届中共中央政治局第一次集体学习时的讲话中指出：“坚定理想信念，坚守共产党人精神追求，始终是共产党人安身立命的根本。对马克思主义的信仰，对社会主义和共产主义的信念，是共产党人的政治灵魂，是共产党人经受住任何考验的精神支柱。形象地说，理想信念就是共产党人精神上的‘钙’”。

中国共产党是一个靠信仰凝聚起来的先进政党

离开具体实践的理想，再远大也容易沦为空想。无数共产党人义无反顾地献身于共产主义伟大事业，用实实在在的行动践行着共产主义远大理想和中国特色社会主义共同理想，让理想一步步变为现实。

在革命时期，为共产主义远大理想而奋斗的主线是实现民族独立和人民解放。这一时期，一大批革命先烈为了真诚信仰和理想信念，面对敌人的屠刀，视死如归，大义凛然，英勇献身。

1928年，对于夏明翰的母亲陈云凤来说，简直是一个噩梦般的年份。这一年的2月28日，她的七儿子在衡阳游击斗争中英勇牺牲，时年不足20岁；3月20日，大儿子夏明翰在汉口牺牲，年仅28岁；3月21日，即夏明翰牺牲的第二天，五儿子夏明震在湘南起义中英勇牺牲，年仅21岁；这年6月，四女儿夏明衡也光荣牺牲，年仅26岁。接二连三的丧子噩耗，怎能不让陈云凤痛彻心扉。她明白，她的子女，都加入了一个叫共产党的组织，都是为在中国实现共产主义而赴死的。

夏氏兄妹出生于湖南衡阳的官宦家庭，他们的祖父和外祖父都曾是清朝的进士。在这样的家庭中，他们从小过着富足无忧的生活。但本该无忧无虑的纯真童年，却生逢大变革时代，因见识到种种社会不公，他们早早地便显露出忧国忧民之心。与一般革命者不同，夏明翰兄妹走上革命道路不是因为走投无路，而是完完全全地发乎追寻光明的心。

1921年，夏明翰在毛泽东、何叔衡的介绍下加入中国共产党。在以共产党员身份行走在革命道路上的7年间，他当过教员、搞过农民运动、组织过秋收起义，工作类型繁杂多样，来回调动更是频繁无章。可他对待每一份工作，都格外尽心尽责。

为了信仰，他毅然与祖父决裂。对正义的追求，对主义的执着，对革命工作的情感投入，皆因为一个伟大信仰在他的心中不停地生长着、奔涌着，孕育了他那响彻时间轮轴的绝命诗句，焕发出一个纯粹革命者永恒的耀眼光芒。1928年3月，由于叛徒出卖，夏明翰在汉口被国民党反动派逮捕。面对敌人的威逼利诱、严刑拷打，夏明翰始终坚贞不屈，最终，失去耐性的敌人决定在两天后对夏明翰执行枪决。

在狱中，夏明翰曾给母亲陈云凤写了封遗书。为了安慰母亲，他在遗书中写道："你用慈母的心抚育了我的童年，你用优秀古典诗词开拓了我的心田。爷爷骂我、关我，反动派又将我百般折磨。亲爱的妈妈，你和他们从来是格格不入的。你只教儿为民除害、为国除奸。在我和弟弟妹妹投身革命的关键时刻，你给了我们精神上的关心，物质上的支持。亲爱的妈妈，别难过，别呜咽，别让子规啼血蒙了眼，别用泪水送儿别人间。儿女不见妈妈两鬓白，但相信你会看到我们举过的红旗飘扬在祖国的蓝天！"

夏明翰在就义时挥笔写下的诗句"砍头不要紧，只要主义真。杀了夏明翰，还有后来人"，更是跨越了时空，至今仍在激励着无数的后来人继续献身于这项崇高事业。

与夏明翰有着类似遭遇的革命者，还有邓中夏。邓中夏出生于湖南宜章县一个破落的地主家庭，从小进入私塾读书，后入县办小学、衡阳中学，又考入湖南高等师范文史专修科。1917年，邓中夏考入北京大学文学系，在李大钊的影响下开始研究马列主义，逐步树立了共产主义的信仰，并积极投入当时的反帝爱国斗争。在1919年5月4日北大学生上街游行时，邓中夏是主要组织者，而且是冲进赵家楼点火和痛打卖国贼的十几名学生之一。

1919年，李大钊创立少年中国学会。图为少年中国学会成立一周年时，李大钊与邓中夏等人合影。

随后，他又前往长沙，联络已返湘的毛泽东，建立湖南学生联合会。他还发起建立马克思主义研究会，于1920年10月协助李大钊在北京成立共产党小组，成为党的建立者之一。建党后，他投身工人运动，在北京长辛店、上海和广东省港罢工运动中威名远扬。1927年大革命失败以后，邓中夏转入地下活动。1933年初，邓中夏被任命为赤色互济会全国总会党团书记，在国民党统治区从事地下工作。1933年5月15日晚，邓中夏被法国租界巡捕逮捕。当敌人问询他身份的时候，邓中夏化名施义，称是给人送信的。任凭敌人严刑拷打，他始终不暴露自己的身份。后因一同被捕的林素琴叛变，暴露了邓中夏的身份。蒋介石获悉后，立即下密令将其引渡到上海公安局并转送南京宪兵司令部。在狱中，邓中夏以共产党员的坚定信念和钢铁意志，挺住了敌人金钱厚禄的利诱和严刑拷打的摧残，在生命的最后时刻写下了他的《狱中遗言》："一个人不怕短命而死，只怕死得不是时候，不是地方。中国人很重视死，死有重于泰山，有轻于鸿毛。为了个人升官发财而活，那是苟且偷生的活，也可以叫作虽生犹死，真比鸿毛还轻。一个人能为了最多数中国民众的利益，为了勤劳大众的利益而死，这是虽死犹生，比泰山还重。人只有一生一死，要生得有意义，死得有价值。"1933年9月21日黎明，邓中夏英勇就义，为共产主义事业献出了年仅39岁的宝贵生命。

在中国共产党历史上，像夏明翰、邓中夏这样的烈士，还有很多很多。据不完全统计，从1921年到1949年，在中国共产党领导的新民主主义革命中，有名可查的烈士就达370万人。在世界政党史上很难找到哪个政党像中国共产党这样，为了守护自己的理想信念，付出如此巨大而惨烈的牺牲。

虽然信仰共产主义的代价很大，甚至于要付出生命，但中国共产党所追求的建设新中国、实现共产主义的主张实在是太美好，所以有更多的中国青年为着这一信念不断加入到共产党的队伍中来。

"打断骨头连着筋，扒了皮肉还有心，只要还有一口气，爬也爬到延安城。"这是1937年10月上海被日本帝国主义侵占后，一批上海爱国青年为了抗日救亡，辗转13个月，跋涉1万多里，历经千辛万苦终于来到革命圣地延安时的心声。

抗战初期，数万青年奔赴革命圣地延安，“到延安去”成为最时髦和最自豪的时代口号。

为什么去延安？我们在下面的文字记载中，可以找到答案。西安中学生高秀芳、杨济安说：“现在正是国难时期，国民党的官员却不知奋发图强，而是贪污腐化，大发国难财，使得民不聊生，青年学生毕业即失业，没有出路，感到苦闷，所以想到延安投奔革命，既为自己寻找出路，也替国家民族效力。”1936年10月，作家丁玲到达中共中央所在地保安。1937年，她在撰写的《七月的延安》中这样描绘：“这是乐园。我们才到这里半年，说不上伟大建设，但街衢清洁，植满槐桑；没有乞丐，也没有卖笑的女郎；不见烟馆，找不到赌场。百事乐业，耕者有田。八小时工作，有各种保险。”“四方八面来了学生几千，活泼，聪明。”“七月的延安太好了，青春的心燃烧着。”1938年3月，原在成都华西坝金陵女子大学读书的阎明诗，离开成都来到武汉，找到八路军驻武汉办事处，要求到延安去参加革命。周恩来亲自接待了这位时任“新生活运动”总会总干事兼国民政府军事委员会少将参谋阎宝航的千金。见其年龄尚小，周恩来问她：“你吃得了苦吗？”她提高嗓门，声音响亮地回答：“能，我能吃苦！”不久，她被组织安排从武汉乘火车经郑州到西安，再改乘汽车到达延安。著名音乐艺术家冼星海在日记中记述：“正当我要打听延安的时候，延安‘鲁迅艺术学院’寄来一封信，音乐系全体师生签名聘我。我问了些相识，问了是否给我安心自由的创作环境，他们回答是有的。我问进了延安可否再出来，他们回答说是完全自由的。”在确信有安心自由的创作环境及来去自由后，冼星海来到延安。

奔赴延安的爱国青年，不仅要克服路途的遥远，还面临着国民党政府的层层阻挠，甚至需要冒着巨大的生命危险。有的青年到西安后，徒步800里，在风沙弥漫、雨雪交加、骄阳酷暑中艰难前行；有的青年患上疟疾、痢疾等疾病，带病前行；有的青年沿路遇到国民党设立的封锁线，不少人遭受扣押。据不完全统计，从1939年到1942年期间，仅在途中被国民党当局截扣的赴延安青年就有2100多人。尽管有各种困难，但都无法阻挡青年们奔赴延安的决心。著名画家华君武瞒着母亲，在朋友帮助下，从上海出发，辗转经过香港、广州、汉口、重庆、成都、西安，最终到达延安。漫画家张仃在1938年到达延安时，激动地在地上翻滚，亲吻着延安的土地。

数万青年克服重重阻力，从繁华都市来到物质生活异常艰苦的黄土高原，说明信仰的力量是巨大的、无穷的。精神力量在特定时代发挥了常人难以理解的巨大作用。此时的延安，顺应了历史与潮流，站到了时代的最前列。中国共产党的崇高追求与广大青年的自我实现发生了强烈共鸣。这种强烈共鸣所激发的磅礴之力，既使中国共产党的崇高追求得以实现，也使广大青年的人生价值与事业理想得以实现。延安成为当时中国“最年轻的城市”“最快乐的城市”“可以在一道干的地方”。“年轻”“快乐”“一道干”这些充满活力的元素，使延安成为无数青年向往之地。著名诗人何其芳曾这样描述当时的情景：“延安的城门成天开着，成天有从各个地方走来的青年，背着行李，燃烧着希望，走进这城门。学习，歌唱。过着紧张的快活的日子。然后一群一群地，穿着军服，燃烧着热情，走散到各个方向去。”

在革命取得胜利、中华人民共和国成立之后，在建设社会主义的征程上，更是有许许多多的共产党人积极投身新中国火热的建设实践，以实实在在的奋斗为远大理想注入具体内涵和实际内容，抒写“敢教日月换新天”的壮志豪情。

中国共产党是一个不忘初心、接续奋斗的党

当然，中国共产党人也很清醒地认识到，实现共产主义需要一个相当漫长的历史时期，它需要几代人、十几代人、几十代人，甚至更多代人的努力奋斗。

马克思根据生产力发展水平和社会物质财富的增长程度，将共产主义划分为第一阶段和高级阶段，指出这两个阶段实行不同的分配原则，即初级阶段是社会主义，实行按劳分配；高级阶段是共产主义，实行按需分配。我们通常说的共产主义是指高级阶段。社会主义和共产主义在本质上是一致的，社会主义就是共产主义的初级阶段。

那么，某个特定时期中国的发展处于一个什么阶段呢？在1987年党的十三大召开前夕，邓小平对中国所处的历史阶段有一个明确的说法：“我们党的十三大要阐述中国社会主义是处在什么阶段，就是处在初级阶段，是初级阶段的社会主义。社会主义本身是共产主义的初级阶段，而我们中国又处在社会主义的初级阶段，就是不发达的阶段。”邓小平将社会主义分为初级和高级两个阶段，判断中国处在社会主义初级阶段，即共产主义初级阶段的初级阶段。2017年10月，党的十九大报告指出，中国仍处于并将长期处于社会主义初级阶段。这是对中国社会主义所处历史阶段的准确判断。

共产主义虽然遥远，但总有实现的一天。中国共产党始终保持着战略清醒，并在不同历史时期，根据人民意愿和事业发展需要，提出富有感召力的奋斗目标，团结带领人民为之奋斗。

党的一大提出了实现共产主义的远大理想和奋斗目标。党的二大明确了中国革命分两步走，制定了反帝反封建的民主革命纲领。经过28年的艰苦奋战，中国共产党领导中国人民取得了新民主主义革命的胜利，建立了中华人民共和国，实现了民族独立和人民解放。

新中国成立后，中国共产党领导中国人民顺利完成了生产资料私有制的社会主义改造，确立了社会主义制度。1964年12月，三届全国人大一次会议提出了实现“四个现代化”的历史任务：“在不太长的历史时期内，把我国建设成为一个具有现代农业、现代工业、现代国防和现代科学技术的社会主义强国，赶上和超过世界先进水平”。“四个现代化”从此成为中国共产党和全国各族人民的共同奋斗目标，成为凝聚和团结全国各族人民不懈奋斗的强大精神力量。

党的十一届三中全会后，党和国家的工作中心转移到经济建设上来。党的十三大明确提出分“三步走”实现社会主义现代化的战略目标，即：第一步，到20世纪80年代末，实现国民生产总值比1980年翻一番，解决人民的温饱问题；第二步，到20世纪末，使国民生产总值再增长一倍，人民生活达到小康水平；第三步，到21世纪中叶，人均国民生产总值达到中等发达国家水平，人民生活比较富裕，基本实现现代化。

2012年11月，党的十八大对十四大提出的“两个一百年”奋斗目标进一步完善和规范，在党的十五大、十六大、十七大确立的阶段性目标的基础上，再次强调：在中国共产党成立100年时全面建成小康社会，在新中国成立100年时建成富强民主文明和谐的社会主义现代化国家。2017年10月，党的十九大报告指出，从十九大到二十大，是“两个一百年”奋斗目标的历史交汇期。我们既要全面建成小康社会、实现第一个百年奋斗目标，又要乘势而上开启全面建设社会主义现代化国家新征程，向第二个百年奋斗目标进军。综合分析国际国内形势和我国发展条件，党中央提出，从2020年到本世纪中叶可以分两个阶段来安排：第一个阶段，从2020年到2035年，在全面建成小康社会的基础上，再奋斗15年，基本实现社会主义现代化；第二个阶段，从2035年到本世纪中叶，在基本实现现代化的基础上，再奋斗15年，把我国建成富强民主文明和谐美丽的社会主义现代化强国。十九大报告还对2050年中国的样子作了描述：物质文明、政治文明、精神文明、社会文明、生态文明将全面提升，实现国家治理体系和治理能力现代化，成为综合国力和国际影响力领先的国家，基本实现全体人民共同富裕，我国人民将享有更加幸福安康的生活，中华民族将以更加昂扬的姿态屹立于世界民族之林。

2022年10月，党的二十大提出全面建成社会主义现代化强国、实现第二个百年奋斗目标，以中国式现代化全面推进中华民族伟大复兴的中心任务，提出全面建成社会主义现代化强国“两步走”的战略安排，即从2020年到2035年基本实现社会主义现代化；从2035年到本世纪中叶把我国建成富强民主文明和谐美丽的社会主义现代化强国。大会还对2035年中国发展的总体目标作了展望，即经济实力、科技实力、综合国力大幅跃升，人均国内生产总值迈上新的大台阶，达到中等发达国家水平；实现高水平科技自立自强，进入创新型国家前列；建成现代化经济体系，形成新发展格局，基本实现新型工业化、信息化、城镇化、农业现代

2017 年 10 月召开的党的十九大提出，既要全面建成小康社会、实现第一个百年奋斗目标，又要乘势而上开启全面建设社会主义现代化国家新征程，向第二个百年奋斗目标进军。图为十九大会场。

化；基本实现国家治理体系和治理能力现代化，全过程人民民主制度更加健全，基本建成法治国家、法治政府、法治社会；建成教育强国、科技强国、人才强国、文化强国、体育强国、健康中国，国家文化软实力显著增强；人民生活更加幸福美好，居民人均可支配收入再上新台阶，中等收入群体比重明显提高，基本公共服务实现均等化，农村基本具备现代生活条件，社会保持长期稳定，人的全面发展、全体人民共同富裕取得更为明显的实质性进展；广泛形成绿色生产生活方式，碳排放达峰后稳中有降，生态环境根本好转，美丽中国目标基本实现；国家安全体系和能力全面加强，基本实现国防和军队现代化。

“两个一百年”奋斗目标，绘制了全面建成小康社会、加快推进社会主义现代化的宏伟蓝图，凝聚着中国共产党人的集体智慧，寄托着全国各族人民的共同夙愿，也为我们描绘出实现中华民族伟大复兴“中国梦”的光明前景。在现在的中国，中国特色社会主义就是共产主义的现实阶段，建设中国特色社会主义就是建设共产主义。社会主义事业每前进一步，就是向共产主义迈进一步。广大共产党员投身于全面建设社会主义现代化、实现中华民族伟大复兴中国梦的伟大实践中，本身就是在为实现共产主义理想而奋斗。

第三章

严密的组织：中国共产党的力量所在

组织，是人类赖以共同生活的基本形式，也是一个特定群体能够凝聚力量、发挥作用的奥秘所在。

马克思、恩格斯认为，无产阶级要获得彻底的解放，首要的条件是必须建立一个自觉的革命政党。列宁则指出，“无产阶级在夺取政权的斗争中，除了组织而外，没有别的武器”，“给我们一个革命家组织，我们就能把俄国翻转过来”。从列宁的这句话中，可以看出无产阶级政党组织所蕴含的伟大力量。

列宁在党的建设上最突出的贡献，就是明确提出无产阶级政党的建党原则，即党是无产阶级有组织的部队，党员必须参加党的一个组织；党是工人阶级的先进组织，是阶级的先进觉悟阶层，是阶级的先锋队；党必须按照民主集中制原则组织起来，成为一个统一的、有战斗能力和行动能力的革命政党；党内必须有严格的、铁一般的纪律；党是无产阶级组织的最高形式，负有在政治上领导其他组织的责任。

中国共产党是按照马克思主义建党原则建立起来的无产阶级政党，中国共产党从一开始就接受了列宁的建党理论。从筹备开始，中国共产党就建立了自己的组织。从1920年至1921年7月党的第一次全国代表大会召开，上海、北京、长沙、武汉、济南、广州等地先后成立了中国共产党早期组织，有50多名中共党员分布在这些组织之中。经过100年的发展，中国共产党形成了包括党的中央组织、地方组织、基层组织在内的严密组织体系。这是世界上任何其他政党都不具有的强大优势。

中共一大关于党的组织的一次讨论

中国共产党第一次全国代表大会召开期间，代表们在讨论党的性质问题时，曾经围绕一条关于组织问题的规定发生过争论。

一种意见认为，共产党要有严密的组织；要有中央，能指挥各个小组；要有纪律；要有民主集中制，反对自由联合。

另一种意见不赞成组织严密的、战斗的工人政党，认为用不着什么中央、纪律，发展党员不可限制太严，只要信仰马克思主义就够了。至于党员是否实际参加党的组织和担负一定工作，是无关紧要的。

还有一种意见，主张共产党的组织应采取中央集权制，党应绝对命令党员，实行军队般严格的纪律。

经过讨论，大多数代表都同意第一种意见，决定建立严密的战斗的工人政党，应该像布尔什维克党那样，反对和抵制无政府主义思潮，决不能将党建成松散软弱的学术研究团体。最后，大会通过的《中国共产党第一个纲领》，明确提出要把工人、农民和士兵组织起来，规定了严格的入党手续，规定凡承认本党党纲和政策，并愿成为忠实的党员者，经党员一人介绍，均可接受为党员，但在入党前必须与企图反对本纲领的党派和集团断绝一切联系。新党员入党后为候补党员，接受党组织的考察，考察期满，经党员讨论和党组织批准，才能转为正式党员。纲领还规定“凡有党员五人以上的地方，应成立委员会”，从而将党员严格地置于党的组织之内，并以严格的纪律相约束。

中国共产党第一次全国代表大会期间发生的这次争论，以及大会通过的纲领，都在说明一个问题：中国共产党从建立开始，就认识到组织的重要性，并为建立一个严密而有战斗力的组织不断摸索经验。

组织起来

中国共产党成立后，党从事革命活动的一个重要方式，就是到工厂去、到农村去、到码头去、到学校去、到矿山去、到铁路去、到兵营去、到一切有群众的地方去，建立党的组织、群团组织和其他各种外围组织。

最为典型的是中国共产党早期组织到长辛店铁路工人中组织发动工人建立党组织的例子。

1920年3月，北京“马克思学说研究会”成立后，决定与工人群体加强联系。李大钊派张国焘、邓中夏等人来到位于北京西南的长辛店开展工作，与当地工人建立了最初的联系。

在北京共产党早期组织的指导与帮助下，1921年1月11日，长辛店劳动补习学校正式开学，办学宗旨是增进劳动者和劳动者子弟的知识，养成劳动者和劳动者子弟的高尚人格。教材由教员自己编写，工人及其子弟可以免费入学。学校教员主要由北京共产党早期组织派驻，大部分都有双重身份，既是老师，也是北京共产党早期组织成员。

北京共产党早期组织在长辛店利用补习学校深入工人中间，帮助他们组织工会，广泛传播马克思主义。图为在长辛店创办的劳动补习学校旧址。

创办长辛店劳动补习学校只是北京共产党早期组织开展工人运动的第一步，正如邓中夏在《中国职工运动简史》中所述："这个学校当然只是我们党在此地工作的入手方法，借此以接近群众，目的在于组织工会。"在早期共产党人的努力下，这一目标最终实现了。1921年5月1日，长辛店1000多名工人在娘娘宫召开庆祝五一国际劳动节大会，宣布长辛店京汉铁路工人会成立。至1921年7月，该会已经吸收会员340余人。这是京汉铁路工会运动由北而南发展的起点，也是中国工人阶级在马克思主义指导下最早建立的工会之一。

中国共产党以及中国劳动组合书记部成立后，中央指示要在工人群体中发展党员，长辛店成为北京地区开展工人运动最重要的实践基地。在近半年的时间里，经邓中夏等人的努力，北京早期党组织先后吸收了史文彬、王俊、杨宝昆、康景星等工人入党，他们成为长辛店地区最早的一批工人党员。

1921年10月20日，"长辛店铁路工人会"改组为京汉铁路长辛店工人俱乐部，以俱乐部之组织，行工会之实。俱乐部这种方式，政治色彩相对较淡，可以在一定程度上减少摩擦。会员约1800名，史文彬担任委员长。通过整顿，工人俱乐部进一步规范化，组织性明显增强，将工人运动推进到一个新的发展阶段，共产党人真正在长辛店扎下了根基。

长辛店工人俱乐部建立之后，具有很强的示范效应，影响所及，自北而南，蔓延到京汉铁路沿线各站。到1922年年底，全路已有16个大站成立了工人俱乐部，会员达3万余人。共产党人通过工人俱乐部这种形式，帮助工人改善生活待遇，争取各种权利。长辛店模式不但推动着京汉铁路工人运动和全国铁路工人运动向前发展，而且扩展到铁路领域之外。1923年2月，包括长辛店铁路工人在内的京汉铁路工人的大罢工（即“二七大罢工”），成为促进中国第一次工人运动走向高潮的“推进剂”。

另一个比较著名的组织案例，则是党组织领导的安源路矿工人运动。

安源路矿是萍乡煤矿和株萍铁路的合称，地处湘赣边界。20世纪20年代初，安源路矿工人最多时达1.3万多名。工人们大多是来自湖南、湖北和江西等地的破产农民。在这里，工人们每天要劳动12个小时以上，下井没有任何保护用具，工资十分微薄。路矿两局还对工人任意逮捕、审讯，滥用私刑，有的工人甚至落下终身残疾。从1901年到1919年，安源工人先后进行了7次较大规模的自发斗争，但由于没有工人阶级政党的领导，这些斗争最终都以失败告终。

1921年，毛泽东来到矿井，手提矿灯，钻进低矮的巷道深处。看到矿工们赤身裸体挖煤，他问工人为什么不穿衣服？工人说这是因为穷得没有衣服穿。他又问每天做几小时工，工资多少？工人告诉他，一天做12小时以上，工资仅有8—12个毫子。目睹工人们的悲惨现状，毛泽东意识到，安源是一座“火山”，是工人运动可能很快发动起来的地方。

1922年，毛泽东、李立三、刘少奇先后到安源开办夜校，建立革命团体，开展工人运动。当年2月，中共安源路矿支部正式成立，由李立三任支部书记。在党支部领导下，5月，安源路矿工人俱乐部建立。

随着工人斗争情绪的高涨，路矿两局企图关闭工人俱乐部，这一举动激发了工人们极大的愤怒。1922年9月初，毛泽东等人在听取各方面情况汇报后，果断作出举行大罢工的决定。9月11日，刘少奇在毛泽东的指示下赶赴安源，参加领导罢工斗争。9月12

1922 年 9 月 14—18 日，湖南安源路矿工人在共产党人毛泽东、李立三、刘少奇等领导下举行大罢工。图为安源路矿工人庆祝罢工胜利。

日，中国共产党成立了罢工指挥部，李立三任总指挥，刘少奇任工人俱乐部全权代表。

9月14日凌晨两点，轰动全国的安源路矿工人大罢工爆发。是夜，铁路工人拉响汽笛，卸下机车的重要部件，停开列车；煤矿工人砍断井下电源，高举斧头、火把，如潮水般从矿井、工棚、街头巷尾蜂拥而出。工人们高呼罢工口号："从前是牛马，现在要做人！"安源路矿工人俱乐部发表了《萍乡安源路矿工人罢工宣言》，提出保障工人权利、改善工人福利待遇等正当要求。

经过5天斗争，路矿两局被迫承认工人罢工条件，把相关条件合并，达成13条协议，其中最重要的一条是，路矿两局承认"俱乐部有代表工人之权"，罢工取得胜利。此后，党组织在工人群众中的威信大大提高，路矿工人俱乐部成员由700人发展到1.7万多人，党、团组织也获得大发展，组织的力量随之愈加强大。

刘少奇在《安源路矿工人俱乐部略史》中如此评述这次胜利："未伤一人，未败一事，而得到完全胜利，这实在是幼稚的中国劳动运动中绝无而仅有的事。"自此，在共产党的领导下，红色安源逐渐成为"无产阶级的大本营"，被誉为中国的"小莫斯科"。毛泽东在发动安源工人时曾说，一颗小石子一脚可以踢开，要是把很多小石子用石灰凝结在一起，结成一块大磐石，就不容易搬动了。安源路矿工人大罢工的胜利，彰显了团结起来的中国工人阶级的伟大力量。

长辛店工人运动和安源路矿工人大罢工的胜利，充分显示了劳工群众组织起来的力量。在党组织的领导和发动下，中国的民众迅速觉醒，纷纷投入到轰轰烈烈的革命洪流之中。

党支部的凝聚力和战斗力

人们不禁好奇，各种社会团体都有其不同的结构和规则，中国共产党的组织是如何在这些团体中发挥作用的呢？我们或许可以从三湾改编——“支部建在连上”的故事中得到答案。

1927年9月，湘赣边界秋收起义后，毛泽东率起义部队向罗霄山脉中段转移。在转移途中，由于敌军前堵后追，部队连续行军，长途跋涉，一路艰苦作战，指战员牺牲较多，伤员也在不断增加；有些人因为怕艰苦不辞而别；疟疾流行，病员增多，一些人掉了队，少数伤病员因缺医短药死在路旁；一些指挥员还存在打骂士兵的旧军队习气；党组织不健全。原本5000多人的队伍，这时只剩下不足千人，这支革命队伍随时都有被消灭的危险。在中国历史上，有许许多多的农民起义军就是这样溃散的。

怎样把这支以农民为主体的革命武装，建设成为党领导下的新型的人民军队呢？毛泽东在思考着。他看出了问题的症结所在，要解决这个问题，关键在于加强军队中党组织的建设。

1927年9月29日，起义部队到达江西永新县三湾村枫树坪——一个万木苍翠、群山环抱的小山村。在进村的当晚，毛泽东在“泰和祥”杂货铺召开中共前敌委员会扩大会议，讨论部队现状及摆脱困境的措施，决定对部队实行整顿和改编，这就是著名的“三湾改编”。

三湾改编的主要内容：第一，把部队由一个师缩编为一个团，称工农革命军第一军第一师第一团，团长由陈浩担任，下辖两个营，共有700多支枪；改编时，毛泽东宣布，愿意留下的留下，愿意离开的发给路费，将来愿意回来还欢迎。第二，在部队内部实行民主制度，官兵平等，待遇一样，规定不准打骂士兵，

秋收起义部队在三湾进行改编的地方：枫树坪。

士兵有开会说话自由，连以上建立士兵委员会。士兵委员会参加对部队的行政管理和经济管理，官长要受它的监督。第三，改编中最重要的措施是把党的支部建在连上。南昌起义和湘赣边界秋收起义爆发时，部队中党的组织是支部建在团上。起义军英勇作战，艰苦卓绝。但党的组织系统没有扎根基层，难以切实掌握士兵、掌握部队。为改变这种状况，毛泽东决定，在各级部队分别建立党的组织：班、排建立党小组，连队建立党支部，营、团建立党的委员会；连以上各级设党代表，由同级党组织的书记担任；全军由党的前敌委员会统一领导。部队的一切重大问题，都必须经党组织集体讨论决定。

通过三湾改编，党的组织在部队形成了系统，党支部掌握了基层，党对军队领导的制度得以确立。由于加强了党的领导，旧式军队的习气和农民的自由散漫作风开始改变，部队面貌焕然一新，凝聚力、战斗力空前提高。

三湾改编是建设新型人民军队的重要开端，在人民军队建设史上具有里程碑意义。后来，毛泽东在总结井冈山斗争的经验时指出："红军所以艰难奋战不溃散，'支部建在连上'是一个重要原因。"

在艰苦卓绝的长征中，建立在红军中的党组织，更是发挥了极为重要的凝聚作用。

在长征那么艰苦卓绝的行军中，红军没有被打垮，也没有被拖垮，经历了千难万险，依然保持着顽强的生命力和战斗力，这不能不说是个奇迹。而创造这个奇迹的原因在于：在红军部队中，党支部建在连上，班排有党小组。

肖锋担任红一师政治部巡视团主任后，对红一师各团、营、连部队士兵战斗、生活情况进行巡视了解，并在其日记中对红一师各部队的党团员数量有详细记载。如：

1935年3月10日，三团二连现有76人，其中党员18人，团员20人。

1935年3月19日，三团特务连有105人，其中党员45人，团员35人。

1935年4月1日，一团二营有275人，其中党员123人，团员103人。

1935年4月8日，二团一营二连有89人，其中党员25人，团员30人。崔连长和罗政指（指导员）团结得很好，他战斗很勇敢，工作很细致，指战员的战斗情绪很高。

1935年4月19日，红一师二团二营五连有75人，其中党员25人，团员27人，虽有3人掉队，但又扩红5人。

肖锋在1935年4月5日的日记中，对连队中党支部战斗堡垒作用的发挥与连队战斗力的关系有明确的分析："晚，（红一师）一团总支书记康志祥同志反映，全团12个连队，有7个连队战斗力较强，主要是连队干部团结，支部堡垒作用好。八连较差，得抽人帮助整顿，搞好支部建设，发挥战斗堡垒作用。"

陈云在《随军西行见闻录》中专门讲到红军部队中的共产党员和共青团员在红军士兵教育工作中发挥的作用："红军兵心之所以团结，一方面确因共产党在红军兵士中进行许多教育工作，红军兵士是自认抗日救国、解放工农是自己的责任，这就使红军士气大振。同时共产党党员及共产青年团团员于红军兵士中占百分之四五十，而这些共产主义者，曾受共产党之专门教育者，在红军兵士中确有极大的细胞作用。"他还举出了具体事例来进一

1935 年 10 月 19 日，红军先头部队到达陕甘宁根据地的吴起镇。这意味着穿越 10 省市、持续 1 年，行进 12500 公里的红军长征取得了胜利。图为吴起镇。

步说明，如“红军之新兵，大半依靠红军各连中党团员去教育他们”，“在红军行军中发生困难时（如粮食及宿营地缺乏等等），共产党员必先让非党分子之红军士兵先吃宿”，“作战时党团员则冲锋在前，退却在后；党团员在火线受伤时，非但丝毫无懊丧呼号者，而且还大声疾呼：‘同志们！努力冲锋！’‘不要顾我而妨害战斗啊！’而红军富有战斗力者，亦由于共产党的领导”。

正是由于红军中党团员的广泛存在并在其中发挥着战斗堡垒作用，才使红军始终保持强大的凝聚力和战斗力。正是由于中国共产党的坚强领导，才创造了红军长征的历史奇迹。

党组织的发展变化

1921年7月，中国共产党第一次全国代表大会召开时，国内共有7个党的早期组织，以至于党的代表大会决议暂时成立中央局，并推举3人组成中央局，待以后组织发展后再成立中央委员会。

随着革命形势的发展，中国共产党的组织迅速而普遍地建立起来。只要是有共产党员在的地方，就有党的组织。其他的团体也各有组织，团有组织，工会有组织，农会也有组织；地方有组织，军队有组织；工厂、矿山有组织，商店、书店有组织，学校、村落都有组织……

到1927年春，中共党员已经发展至5.7万人，党的组织数量也得到很大发展。尽管不久之后受白色恐怖影响，党员减至不足万人，但党的组织框架未变。根据1928年党的六大统计，全国有17个省委、40个特委、38个市委、391个县委以及165个特支，共651

图为高校新发展的学生党员举行入党宣誓仪式。

个地方党组织。这是在革命处于低潮时的数据。

抗日战争时期，中国共产党的组织有了很大发展。到1945年党的七大召开时，刘少奇在关于修改党章的报告中指出，“在抗战之后，我们党有了很大的发展，共接收了一百多万党员，建立了近千个县委、几万个支部”。在当时的战争情况下，要作出精确的统计是很困难的，刘少奇在报告中所提供的这些数据虽然模糊，但已说明了中国共产党组织不断壮大的发展趋势。

中华人民共和国成立后，党的组织数量迅速扩大。据中共中央组织部的统计数据，截至2022年12月31日，中国共产党党员总数为9804.1万名；中国共产党的基层组织506.5万个，其中基层党委28.9万个，总支部32.0万个，支部445.6万个；全国共有党的各级地方委员会3198个，其中，省（区、市）委31个，市（州）委397个，县（市、区、旗）委2770个；全国9062个城市街道、29619个乡镇、116831个社区（居委会）、490041个行政村已建立党组织，覆盖率均超过99.9%；全国共有机关基层党组织75.6万个，事业单位基层党组织97.7万个，企业基层党组织157.1万个，社会组织基层党组织17.9万个，基本实现应建尽建。

党的各级组织的职能分工

构建一套什么样的体系，才能把最初的几十人、几百人、几千人乃至后来的几百万人、几千万人组织起来，是一门大学问。从建党开始，中国共产党就设计和确定了初步的组织结构。到1927年党的五大时，党中央将党的组织从原来的“中央—区委—地委—支部”四个层级，改为“中央—省委—市县委—区委—支部”五个层级。之后，不断改进、完善，到今天，形成了从中央组织、地方组织到基层组织一整套科学严密的体系，把数千万名党员组织得井井有条，无一疏漏。

党的中央组织，是指中央一级的党组织。根据党章规定，党的中央组织包括：党的全国代表大会和它所产生的中央委员会、中央纪律检查委员会；由中央委员会全体会议选举产生的中央政治局、中央政治局常务委员会和中央委员会总书记；由中央委员会决定其组成人员的中央军事委员会，以及其成员由中央政治局常务委员会提名、中央委员会全体会议通过的中央书记处。党的全国代表大会的职权是：听取和审查中央委员会的报告；审查中央纪律检查委员会的报告；讨论并决定党的重大问题；修改党的章程；选举中央委员会；选举中央纪律检查委员会。在党的全国代表大会闭会期间，中央委员会执行全国代表大会的决议，领导党的全部工作，对外代表中国共产党。中央委员会按照党章和《中国共产党中央委员会工作条例》开展工作。

党的地方组织，主要是指党的省、自治区、直辖市，设区的市和自治州，县（旗）、自治县、不设区的市和市辖区委员会及其常务委员会。此外，党的地方组织还包括地委和相当于地委的组织。党章规定，党的地区委员会和相当于地区委员会的组织，是党的省、自治区委员会在几个县、自治县、市范围内派出的代表机关。它根据省、自治区委员会的授权，领导本地区的工作。比如黑龙江省大兴安岭地委、西藏自治区阿里地委、新疆维吾尔自治区喀什地委等。党的地方组织的根本任务是确保党中央决策部署贯彻落实，有令即行、有禁即止。党的地方委员会在本地区发挥总揽全局、协调各方的作用，按照协调推进“四个全面”战略布局，对本地区经济建设、政治建设、文化建设、社会建设、生态文明建设实行全面领导，对本地区党的建设全面负责。作为贯彻落实党中央决策部署的“中间段”，党的地方委员会要认真贯彻执行《中国共产党地方委员会工作条例》，把地方党委建设

图为 2020 年新冠疫情期间，山西省运城市新绛县在高速公路出入口设立临时党支部，医疗、警察、城管等部门的党员在一线联防联控，阻隔疫情。

成为坚决听从党中央指挥、管理严格、监督有力、班子团结、风气纯正的坚强组织。

党的基层组织，主要是指在企业、农村、机关、学校、科研院所、街道社区、社会组织、人民解放军连队和其他基层单位成立的党组织，包括基层党委、党总支、党支部等，是党在社会基层组织中的战斗堡垒，是党的全部工作和战斗力的基础。党支部是党组织开展工作的基本单元，担负直接教育党员、管理党员、监督党员和组织群众、宣传群众、凝聚群众、服务群众的职责。《中国共产党支部工作条例（试行）》规定，党支部设置一般以单位、区域为主，以单独组建为主要方式。企业、农村、机关、学校、科研院所、社区、社会组织、人民解放军和武警部队连（中）队以及其他基层单位，凡是有正式党员3人以上的，都应当成立党支部。党支部党员人数一般不超过50人。

一个支部一座堡垒，一名党员一面旗帜。从三湾改编"支部建在连上"，到长征路上党小组"保证一个不掉队"，从救灾现场的"临时党支部"，到生产车间的"党员突击队"，党支部始终引导广大党员发挥先锋模范作用。据统计，自1921年7月中国共产党成立到1949年10月新中国成立，仅中共党员就有约370万人为革命献出宝贵生命；新中国成立后，雷锋、时传祥、李素丽等一大批党员在普通岗位干出不平凡业绩；"改革先锋"100人中80%以上是中共党员。以他们为代表的先进典型群体是中国共产党拥有巨大组织优势的有力注解。

党的组织原则

毛泽东指出："我们要建设的一个大党，不是'乌合之众'的党，而是一个独立的、有战斗力的党。"这个党靠什么原则指导党组织的建设和活动呢？答案就是民主集中制。

民主集中制是中国共产党的根本组织原则和制度。实行民主集中制是马克思主义政党的重要特征。中国共产党一开始就是按照民主集中制原则建立起来并开展活动的。在长期的建党实践中，中国共产党逐步形成和发展了民主集中制所包含的基本原则，并使其内涵更加丰富和完善。民主集中制的基本原则包括：（1）党员个人服从党的组织，少数服从多数，下级组织服从上级组织，全党各个组织和全体党员服从党的全国代表大会和中央委员会；（2）党的各级领导机关，除它们派出的代表机关和在非党组织中的党组外，都由选举产生；（3）党的最高领导机关，是党的全国代表大会和它所产生的中央委员会。党的地方各级领导机关，是党的地方各级代表大会和它们所产生的委员会。党的各级委员会向同级的代表大会负责并报告工作；（4）党的上级组织要经常听取下级组织和党员群众的意见，及时解决他们提出的问题。党的下级组织既要向上级组织请示和报告工作，又要独立负责地解决自己职责范围内的问题。上下级组织之间要互通情报、互相支持和互相监督。党的各级组织要按规定实行党务公开，使党员对党内事务有更多的了解和参与；（5）党的各级委员会实行集体领导和个人分工负责相结合的制度。凡属重大问题都要按照集体领导、民主集中、个别酝酿、会议决定的原则，由党的委员会集体讨论，作出决定。委员会成员要根据集体的决定和分工，切实履行自己的职责；（6）党禁止任何形式的个人崇拜。要保证党的领导人的活动处于党和人民的监督之下，同时维护一切代表党和人民利益的领导人的威信。

这六条基本原则，正确反映了中国共产党党内的各种关系，包括党的领导者和被领导者、党的上下级组织、党员个人和党的组织、党的中央组织和地方各级组织之间的关系，反映了党内政治生

图为 2016 年 9 月 6 日，重庆市永川区双石镇响滩子村的 49 名党员通过民主投票，选举产生了新一届村党支部委员、书记。

活和党的组织建设的规律，是无产阶级政党实行民主集中制的丰富经验的结晶，是全党必须遵守的政治组织纪律。这六条基本原则表明，民主集中制不仅是中国共产党的根本组织原则、根本组织制度，同时还是中国共产党最根本的领导制度和工作制度。

没有特殊党员

在中国共产党内，任何党员都不能游离于党的组织之外，更不能凌驾于党的组织之上。每个党员无论职务高低，都要参加党的组织生活。1941年中央《关于增强党性的决定》明确规定，“从中央委员以至每个党部的负责领导者，都必须参加支部组织，过一定的党的组织生活”。领导干部以普通党员身份参加所在党支部或党小组的组织生活，这是中国共产党的一大光荣传统。

中国共产党人历来重视党的组织生活，党的领袖以身作则。1944年，党中央主席毛泽东恪守党的组织生活制度，主动要求在党小组会上汇报个人思想，并希望党小组长监督。

作为中国人民解放军总司令的朱德始终认为，党内不应该有特殊党员，无论职务多高，都应该过正常的组织生活。而且过组织生活时，一定要坚持党内优良传统，所有人都是平等的党员，谁都可以提意见。20世纪60年代，朱德身边的工作人员成立了党的基层支部，对外称“四组”。无论多忙，朱德都会抽出时间，以普通党员的身份参加“四组”会议。会议中，朱德会批评某些同志，工作人员也会对朱德提意见。朱德会把别人对自己的批评记下来，下次开会时还会汇报自己的改进情况。1970年以后，因为朱德年事已高，工作人员有时不通知他参加会议。朱德得知后，坚持去参加会议。在会上，他说：“我是一个共产党员，你们不要剥夺我过组织生活的权利！共产党的干部无论职务多高，都应该遵守党的组织纪律，按时参加组织召开的会议，自觉接受党员的监督和批评。”

周恩来作为党的领导人，与普通党员一样，自觉参加党组织生活，按时交纳党费，自觉接受和主动争取党组织和基层党员的监督。1935年8月底，红军在长征中历经千辛万苦走出草地，决定休整几天。趁这个机会，总部机关的党组织进行了一次整顿，改选了支部，随后各党小组又选举了新的小组长。机关党小组里有副主席周恩来，参谋长张云逸，司令部的几个参谋，以及警卫员魏国禄。在一次小组会上，张云逸提议选魏国禄当小组长，周恩来笑着点头说："很好，同意。"大家也都表示赞成。魏国禄感到很难为情，心想：党小组里有副主席、参谋长，还有参谋，自己是个警卫员，怎么能当小组长来领导他们呢？他红着脸说："我干不了，最好还是另选别的同志。"周恩来见他有些顾虑，就鼓励他说："大家选你当小组长，就相信你一定能干得了。我们既然同意你，就会服从你的领导，今后小组里有什么问题，可以大家来商量嘛。"魏国禄只好答应试试看。有一次，周恩来感觉很长时间不开党小组会议了，就问党小组长魏国禄，魏国禄回答说："小组会议开过了，看到首长忙，就没有通知。"没想到，周恩来用平常少见的严肃态度，批评魏国禄道："那怎么能行？我是党员，应当过组织生活，如果确实有事不能参加，我自己可以向你请假，你不通知我可就是你的不对呀！在我们党内，每个人都是普通党员，谁都要过组织生活，这是个党性问题，你明白吗？以后开会可一定要通知我啊！"之后，魏国禄接受了教训，每次开会都通知周恩来；而周恩来只要有时间，每次都参加，并很认真地发表意见。1935年10月，中央红军到达陕北后，周恩来忙于处理各种工作。有一次，警卫员魏国禄不忍打扰他，就替他交了五分钱的党费。不久，周恩来对魏国禄说："小组长，这个月党费我还没交吧？"魏国禄回答说："已经代首长交过5分钱党费了，首长集中精力忙军政大事，我们代交还不是一样的。"周恩来严肃地说："党费怎么可以让别人代交呢？""军政大事重要，交党费也重要，因为这是每个党员的义务。”说完，他把五分钱党费交给了魏国禄。

在几十年的革命生涯中，任弼时虽身居要职，但从不以权谋私，始终廉洁自律。他常说：“在党内，任何个人，不管他是军长、政委，都是普通一员，都要服从组织，决不能做特殊党员。” 任弼时担任中共中央秘书长期间，正值陕甘宁边区经济最为困难的时期，党中央号召军民开展大生产运动。任弼时和中央其他领导同志一起开垦了一块地，种上庄稼和蔬菜。他还向王震要了一部纺车，工作之余盘腿而坐，练习纺纱。1943年3月，中央直属机关在枣园举行纺纱比赛，任弼时纺的纱被评为第一，一时传为佳话。他对事业和工作恪守“能坚持走一百步，就不该走九十九步”的准则。叶剑英说：“他是我们党的骆驼，中国人民的骆驼，担负着沉重的担子，走着漫长的、艰苦的道路，没有休息，没有享受，没有个人的任何计较。他是杰出的共产主义者，是我们党最好的党员，是我们的模范。”

1934年，董必武担任中央党校校长期间，一个星期六的晚上，董必武所在的党小组召开组织生活会。党小组长考虑到董必武工作很忙，就没有通知他参加。第二天，董必武知道后专门找到党小组长询问，为什么没有通知他参加？小组长解释说：“您的工作那么忙，我就没有通知您。”董必武听了，严肃地说：“一个党的领导干部，工作再忙也要过组织生活。不参加党的活动，就不是一个合格的共产党员！”后来，在下一次党小组的会议上，他作了自我批评，并恳请大家对他的工作和作风提出批评意见。还有一次，党小组安排大家去帮一户烈属家耕田。董必武干得满头大汗，大家都劝他早点回去，他却一直坚持干完，并十分坚决地说：“参加义务劳动是党在根据地时定的制度，我是党的干部，应该带头执行。”

据陈云身边的工作人员回忆，陈云组织观念极强。当时中央领导要过双重组织生活，一方面参加中央政治局常委会，一方面也编入基层支部。陈云所在的党小组，是由他和秘书、警卫以及其他工作人员中的党员组成的，卫士长担任党小组长。党小组开会，都通知陈云。陈云有事不能参加，都主动请假。有时因病外出治病，或按医生要求进行健康疗养时，陈云总是亲笔写信向毛主席请假，返回北京也要报告。

老红军王定国是谢觉哉的夫人。新中国成立后，谢觉哉先后担任内务部部长、最高人民法院院长。谢觉哉去世后，按规定遗属可以继续住原来的房子。王定国却主动找到组织：“我有自己的工作，我是什么级别就住什么房子！”她随即搬出了带院子的大房子。每个月，王定国的小儿子谢亚旭都会乘地铁来到国管局老干部局和平里工作处，将母亲的党费交到党支部，10多年来风雨无阻。“革命年代我们经常费尽艰辛去交党费，因为它是党活动经费的重要来源。”王定国对谢亚旭说，“如今交党费变得简单，更要坚持好，因为这是对党信仰的体现。”

除了要参加组织生活、接受监督之外，在党内，所有党员，无论职务高低，一律平等，这是中国共产党一直以来的优良传统。

第四章

严明的纪律：中国共产党的真正优势

中国共产党章程规定：党的纪律是党的各级组织和全体党员必须遵守的行为规则，是维护党的团结统一、完成党的任务的保证。党组织必须严格执行和维护党的纪律，共产党员必须自觉接受党的纪律的约束。

回顾中国共产党一百余年的发展历程，我们党由弱小到强大，从苦难到辉煌，历经磨难考验，千锤百炼还坚韧，一个重要法宝就是不断加强纪律建设，靠严明的纪律和规矩管党治党。

中国共产党是靠革命理想和铁的纪律组织起来的马克思主义政党，纪律严明是党的光荣传统和独特优势。

严明的纪律和规矩是马克思主义政党与生俱来的内在品质，是思想建党、组织建党的重要基础。从马克思主义政党的纲领性文献《共产主义者同盟章程》和《共产党宣言》，到马克思、恩格斯、列宁关于无产阶级政党建设的经典著作，无不体现出对纪律的严格要求。1847年，世界上第一个无产阶级政党——共产主义者同盟组建时，马克思就鲜明指出："我们现在必须绝对保持党的纪律，否则将一事无成。"列宁在创建俄国布尔什维克党和建立共产国际的斗争中强调："共产党只有按照高度集中的方式组织起来，在党内实行近似军事纪律那样的铁的纪律，党的中央机关成为拥有广泛的权力、得到党员普遍信任的权威机构，只有这样，党才能履行自己的职责。”在创建和发展马克思主义政党的实践中，革命领袖与各种错误思潮和错误观点进行了激烈斗争，在生死考验中捍卫了这些重要的基本特性和根本原则，把党锻造为具有铁一般纪律的坚强组织。严明的纪律和规矩也成为马克思主义政党区别于其他政党的重要标志。

中国共产党是马克思列宁主义与中国工人运动相结合的产物，自成立之日起就遵照无产阶级政党的建党原则，坚持用严格的纪律和规矩立党，将纪律写在了党的旗帜上。1920年9月16日，为寻求救国真理而远赴法国勤工俭学的蔡和森写信给毛泽东，信中提出：以后的中国共产党须向俄国布尔什维克党学习，“党员须守‘铁的纪律’”。1921年7月，党的一大通过的中国共产党第一个纲领，共15条内容，大多数内容涉及组织纪律、财经纪律和保密纪律等基本要求。党的二大通过的《关于共产党的组织章程决议案》强调：“自中央机关以至小团体的基本组织要有严密系统才免得乌合的状态；要有集权精神与铁似的纪律。”党的二大制定的第一部《中国共产党章程》第四章专门讲纪律，提出了9条纪律要求，涉及政治纪律、组织纪律、宣传纪律、党员从业纪律等，初步体现了个人服从组织、少数服从多数、下级服从上级、全党服从中央的基本组织原则。党章是党的总章程，党的根本大法，是全党必须遵循的总规矩。这种在党章中设立“纪律”专章的模式，一直被此后的党代会继承和发扬。党的七大到十一大的《党章》中虽没有设纪律专章，但在总纲和党的组织、党的监察机关部分都强调了纪律，体现了我们党对基本特性的始终坚守和对自身建设规律的深刻把握。

在革命、建设和改革的历史进程中，中国共产党始终保持重视纪律、严明纪律的优良传统。毛泽东说：“没有严明的纪律，就不可能有严谨的工作作风，没有严谨的工作作风，就没有组织的权威。”中国共产党取得一个又一个辉煌成就的历程，也是不断培育、形成、完善和严明纪律的过程。

“三大纪律八项注意”的威力

纪律严明、执纪如铁，是中国人民解放军历经千锤百炼后积淀而成的红色传统和文化基因。自建军起，中国共产党和中国工农红军就非常重视加强革命纪律，并严格执行统一的纪律，这是人民军队区别于一切旧式军队的显著标志。

各地红军建立后，都根据实际需要，陆续制定了一些纪律。其中，以毛泽东给红军制定的“三大纪律八项注意”最具代表性。

1927年10月，毛泽东率领秋收起义后的部队向井冈山挺进。

当时，这支队伍成分复杂，既有工人、农民，也有学生、俘虏，还有一部分是游民无产者。他们身上存在着一些非无产阶级思想意识和不良作风，少数士兵无组织、无纪律的现象不时发生。

在向井冈山转移时，部队经过几天的长途跋涉，又遭遇反动地主武装的突袭，战士们又累又饿。后来，有战士发现了一块红薯地，大家便一拥而上，挖出红薯就吞吃起来。毛泽东知道后很生气，严肃批评了大家。最终，部队给红薯地的主人留下了一张道歉的纸条和一些钱作为赔偿。

挖几个红薯看似小事，但体现的是一支队伍的纪律性。革命队伍不是旧军队，怎么能随意侵犯群众利益呢？一路上，毛泽东从这件事情联想到，部队若要在井冈山落脚，得到当地群众和地

图为早期的中国共产党章程。

方队伍的支持，就必须严明纪律。

1927年10月24日，毛泽东站在一块大石头上，对准备向井冈山中心进发的数百名工农革命军战士讲话，要求大家与山上的群众和队伍搞好关系，随后正式宣布了三项纪律：第一，行动听指挥；第二，筹款要归公；第三，不拿老百姓一个红薯。

短短三句话，看似朴实无华，但解决的却是当时革命队伍中的大问题。这使工农革命军区别于传统的旧军队，树立了军民一

图为 2017 年 5 月 21 日，江西省上饶市 26 万名党员干部集体参加党章党规党纪考试。

致、秋毫无犯的新型军民关系。

1928年1月，针对队伍中出现的新问题，毛泽东又在遂川县李家坪颁布了“六项注意”，后规范为上门板、捆铺草、说话和气、买卖公平、借东西要还、损坏东西要赔。根据形势的发展和部队的实践经验，1929年1月，“六项注意”又增加了两项：洗澡要避女人、不搜俘虏的腰包，从而形成了最初的“三大纪律八项注意”，人民军队“第一军规”正式诞生。

“三大纪律八项注意”施行后，红军的纪律性大大提升。战士们把这些纪律刷在墙上、写在包袱布上，走到哪里就宣传到哪里，走到哪里就执行到哪里，得到了根据地军民的衷心拥护和热烈欢迎。在井冈山，流传着一首歌谣：“红军纪律真严明，行动听命令，爱护老百姓，到处受欢迎，遇事问群众，买卖讲公平，群众的利益，不损半毫分。”字里行间，流露出群众对这支纪律严明的队伍的赞许。朱德总司令曾经回忆说：“在井冈山的时候，被敌人一直追了一二千里路，敌人一个也未消灭我们，反被我们消灭了许多，原因就是纪律好。过年时老百姓都跑了，部队几天没吃饭，吃了老百姓的东西，第二次回来，都算了账，还了钱。老百姓说‘这个队伍真了不得！’红军的招牌一下就响了。”

“长征时我们就是靠纪律吃饭的”

长征途中，面对严峻的斗争形势和艰苦的生存环境，我们党依然高度重视纪律建设，依靠严明的纪律纯洁党员队伍、维护党的团结，一次次粉碎了蒋介石企图消灭中国共产党和中国工农红军的阴谋，保证了长征的胜利。

长征中，中共中央将坚定理想信念当作最重要的一项政治纪律和政治工作来严格落实。1934年10月8日，《中共中央给苏区中央分局的训令》中明确提出，“在敌人残酷摧残下，在比较更加困难的条件下，我们党内一些干部中不坚定的分子，可以而且必然产生一些悲观失望、抱怨丧气的情绪，这种情绪是……最危险的倾向，党应及时的预先的反对这种右倾情绪，集中力量来反对右倾机会主义……同时反对任何‘左’的倾向”。1934年10月9日和11日，红军总政治部连续发出《关于准备长途行军与战斗的政治指令》《对于目前进攻战斗的政治工作训令》，指示在部队中进行长征的宣传解释工作，“兴奋全体战士准备进入反攻的战斗精神与对胜利的信心，反对一切悲观失望的机会主义动摇”，并对思想消极、逃跑投敌行为进行严肃处理。此后，中共中央和总政治部又多次发文，对党和红军的思想政治工作作出一系列具体指示。遵义会议后，“左”倾军事路线错误得到纠正，加之卓有成效的政治工作和一系列军事斗争的胜利，广大党员干部和红军战士士气逐步提升，革命必胜的信念愈发坚定。

党在长征期间加强政治纪律建设取得的最重大成就，是粉碎了张国焘分裂党的图谋。遵义会议后，在红四方面军工作的中央代表张国焘，同党中央在如何估量当时的政治形势问题上发生了分歧。1935年6月，中央红军与红四方面军在四川懋功地区会师，张国焘自恃枪多势众，在“北上”还是“南下”问题上与中央产生分歧。6月26日，中央政治局于两河口会议作出北上川陕甘的决定，张国焘拒绝执行。为此，中共中央和毛泽东等多次致电张国焘，劝告其遵从中央决议率军北上。但是张国焘却未听劝告，于1935年10月率军南下川康，并另立“中央”。为维护中央权威和党的团结，消除张国焘分裂党的不良影响，中央政治局先后在四

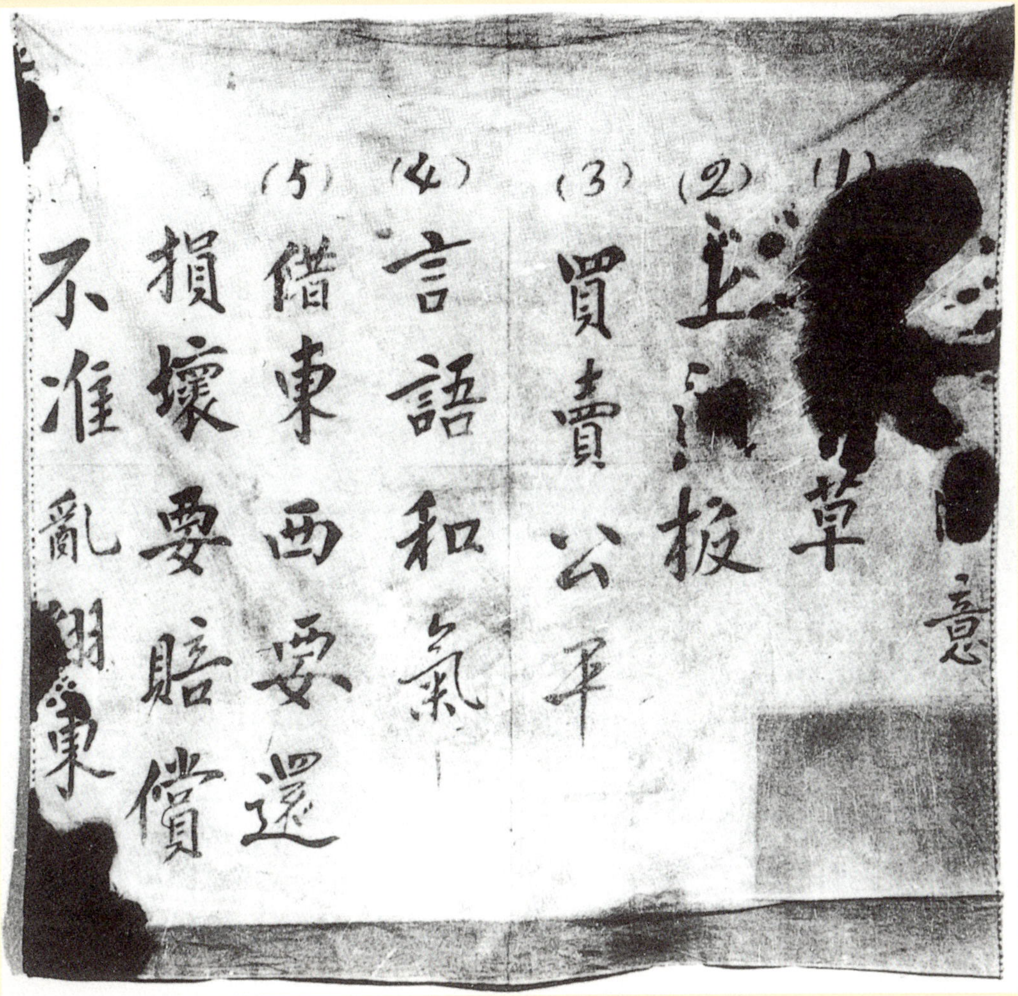

图为井冈山时期，红军战士写在包袱布上的“六项注意”。

川毛儿盖和甘肃俄界召开会议，通过了《关于张国焘同志的错误的决定》，对张国焘分裂党和红军的行为以及军阀主义倾向进行了严肃的批判。迫于中央压力和南下后的军事失利，张国焘不得不放弃分裂主张，取消伪中央，同意率部北上。

长征途中严格执行群众纪律的一大表现，是严禁发生侵犯群众利益的行为。1934年11月7日，《红星》报发出号外，提醒红军战士要注意部队在群众中的形象，要求做到“不乱拿群众一点东西”“损坏了群众东西要赔偿，借群众东西要送还”“不强买强卖，买东西要给钱”等，号召广大红军战士争创群众工作的模范连队。14日，《红星》报又专门刊发文章，对红军战士在行军、宿营时存在的不注意群众影响的现象提出批评，并向各连队提出建议和解决办法。

违反纪律的现象会被通报批评，违反纪律的个人也会受到批评教育甚至纪律处分。《红星》报曾登载“红三军团某部上士袁子何，率领运输员一人，故意逗留后面，枪杀群众的猪鸡，乱拿群众东西，经察觉纠正，竟不服从命令，仍故自由行动，有意破坏红军纪律，现已经上级机关执行枪决”。黄克诚后来回忆说，在长征途中极端困难的条件下，“有的同志饿的受不住，偶尔会发生违反群众纪律，偷吃群众东西的现象……对那些被认为问题严重的人甚至要采取处死的办法予以惩罚”。在长征那种异常艰苦险恶的环境中，只有保持铁的纪律，红军才能保证命令的坚决贯彻执行，才能赢得群众支持，才能在部队中不断凝聚起高昂的革命斗志和战斗力。

严明的纪律，记录在党中央和总政治部发布的通告、命令上，更体现在红军战士的实际行动中。在长征中，“三大纪律八项注意”得到了全面贯彻执行。陈云在《随军西行见闻录》中曾写道："朱毛红军中之三大纪律、八项注意，确使红军兵士遵守。不说旁的，即如进延寿圩（湘南大镇）、宜章城时，红军所用苏维埃银行钞票，均按日兑现。所以除几家大店主自惧有土劣之嫌者逃走以外，全城店铺照常营业，而且莫不利市三倍。这一点我在南京军中已服务多年，在乡僻之区行军或驻军时，均未见过。"

凭借严明的纪律和优良的作风，红军在长征途中建立和巩固了红军与群众的血肉联系，保证了长征最终的胜利。正是因为我们党在长征途中明确强调军队纪律，把部队纪律作风建设放在第一位，才保证了红军是一支真正代表人民群众利益的军队，是一支由铁的纪律武装起来的军队，是一支与广大人民群众鱼水相依的军队。

加强纪律性，革命无不胜

抗日战争全面爆发后，我们党多次重申"三大纪律八项注意"，严格执行群众纪律和俘虏政策。新四军在攻打苏北运河西岸洋河镇时，为了尽快消灭敌人，曾对敌施行火攻，使敌寇无一脱身。作战部队不仅在战斗前后做到纪律严明，对老百姓做到秋毫无犯，就连部队向群众征集的火攻器材也都照价给钱，人民群众深受感动。被俘虏的伪军看到这一情景也受到了教育，当即有人给罗圩伪军写信说："洋河一战，人心大变。""新四军不仅以力服人，且能于作战混乱之际，表现其严明之纪律，如此服人以德，谁不钦佩。"毛泽东主席在党的七大报告中总结说，"这个军队之所以有力量，是因为所有参加这个军队的人，都具有自觉的纪律"。

解放战争时期，“三大纪律八项注意”在执行中其具体内容因不同的部队而略有差别。为使人民解放军有统一的纪律，1947年10月10日，中国人民解放军总部发布训令，将“三大纪律八项注意”重新颁布。“三大纪律”是：一切行动听指挥；不拿群众一针一线；一切缴获要归公。“八项注意”是：说话和气；买卖公平；借东西要还；损坏东西要赔；不打人骂人；不损坏庄稼；不调戏妇女；不虐待俘虏。训令要求全军“以此为准，深入教育，严格执行”。

1949年1月31日，根据北平和平解放协议，人民解放军进入北平城，与城内的国民党军队交接防务。这一天深夜，中国人民解放军四野四十一军先头部队在军政委莫文骅将军率领下，从西直门、德胜门开入北平城里。当时正逢隆冬，入城部队没有惊动百姓，官兵们和衣睡在街两旁屋檐下、过道里。次日，居民开门发现解放军在雪地沿街露宿，秋毫无犯，极为感动。不久，叶剑英向毛泽东汇报入城情况时，提到这一情况，毛泽东听后甚为动情，特地委托朱德总司令去看望这支部队。

1949年5月27日夜，人民解放军解放上海，十万大军纪律严明，全部露宿街头。美国合众社的报道记录了当时的场景：“中共军队军纪优良，行止有节，礼貌周到……虽然有许多大厦是大开着，可以用来做军营，而中共军队仍睡在人行道上……”“解放军睡在马路上”的消息一经传出，震动了整座城市。美国原驻华大使司徒雷登在回忆录中这样评价道：“从国民党获取政权那天起，各级官员就贪污受贿、人浮于事、效率低下、乱搞裙带关系、大行派系斗争……与国民党形成鲜明对照的是，共产党杜绝了渎职现象，促使官员和群众融洽相处，党、军的纪律简单务实，而且贯彻得力。”

在革命斗争中，中国共产党和人民军队不断给纪律赋予新的内涵。从最初的说话和气、买卖公平、不拉夫、不打人、不骂人，到“三大纪律六项注意”，直至“三大纪律八项注意”，优秀的纪律文化使人民解放军有效克服了旧军队遗留下来的军阀作风，极大地改善了官兵关系和军民关系，使队伍不断壮大，战斗力不断增强。

“三大纪律八项注意”只是中国共产党在民主革命时期加强纪律建设的一个缩影。1938年9月，党的六届六中全会制定了《关于中央委员会工作规则与纪律的决定》等党内法规，其中关于党的纪律方面的若干规定，对于保证全党行动一致，特别是保证中央的集中统一领导，发挥了极其重要的作用。1945年，党的七大通过的党章第一次增加了“党纲”、党员的“义务”和“权利”等内容，深刻阐明了党的政治纪律的重要性、特征和执行政治纪律的严肃性。七大党章关于加强党的纪律建设、严明党的政治纪律和政治规矩的规定，在党史上具有重大意义。1948年9月，中央政治局专门召开扩大会议，主要议题就是“军队向前进，生产长一寸，加强纪律性，革命无不胜”。

正如毛泽东在回顾党经历的28年艰苦卓绝的革命斗争时曾指出的，我们党有三件“战胜敌人的主要武器”，第一件就是“一个有纪律的，有马克思列宁主义的理论武装的，采取自我批评方法的，联系人民群众的党”。毛泽东将“有纪律”放在最前面，体现的正是他对革命年代中国共产党的建设经验和新民主主义革命胜利经验所作出的深刻总结。

新中国成立以后，中国共产党一如既往地把加强自身纪律建设放在重要位置。根据所处的环境和肩负任务的变化，党的纪律建设得到进一步加强，有力推动了不同时期党的事业的发展。中

图为 1949 年 5 月，人民解放军解放上海，解放军战士严格遵守纪律，不入民宅，露宿街头。

国共产党成立了中央及地方各级纪律检查机构，制定和明确了中国共产党党员标准的“八项条件”，并按照新的标准和要求进行整党，坚决反对官僚主义，惩处了贪污腐化分子，积累了执政条件下密切党群关系、加强纪律和规矩建设的经验。1956年9月，党的八大通过的党章强调：“党是以一切党员都要遵守的纪律联结起来的统一的战斗组织；没有纪律，党决不能领导国家和人民战胜强大的敌人而实现社会主义和共产主义。”这充分表明，党的八大对执政以后加强纪律建设有高度自觉，并着力强化民主集中制和监督机制在保障党的纪律建设中的作用。正是依靠理论路线正确、党组织和党员干部的纪律严明等优势，党领导人民迅速巩固了人民政权，进行了社会主义改造，实现了从新民主主义向社会主义的转变，建立起社会主义制度，开展大规模的社会主义建设并取得了重大成就。

改革开放以来，面对新的历史环境对党的建设带来的严峻考验，中国共产党鲜明提出：执政党的党风问题是关系党的生死存亡的问题，各级党委要坚持“党要管党”的原则，把从严治党的方针贯彻到党的建设各项工作中去。邓小平曾针对当时党的建设面临的新问题指出，中国要坚持社会主义制度，要发展社会主义经济，要实现四个现代化，没有理想是不行的，没有纪律也是不行的。他在深刻总结历史教训的基础上指出，“我们这么大一个国家，怎样才能团结起来、组织起来呢？一靠理想，二靠纪律”。他强调“中央要有权威”“共产党员一定要严格遵守党的纪律”。为适应党的工作中心转移到经济建设上来和实行改革开放的新形势，我们党重新设立和选举产生了中央纪律检查委员会，在党章中对党的纪律作出了新的强化，制定了党内政治生活准则、加强领导干部生活会制度等一系列重要文件，通过全面整党纯洁党的组织，并大力加强党的思想、组织、作风建设，为党领导全党全国各族人民开创党的建设新的伟大工程、成功开创中国特色社会主义道路提供了重要保证。

党的十八大以来，以习近平同志为核心的党中央从党和国家事业全局和推动实现中华民族伟大复兴的政治高度出发，突出强调严明纪律的重要性和迫切性，从而将中国共产党关于纪律建设的理论创新与实践发展推进至新的时代高度，使党和国家事业发生了历史性变革、取得了历史性成就。2012年11月16日，党的十八大刚刚闭幕，习近平总书记就发表题为《认真学习党章 严格遵守党章》的署名文章，强调“党章就是党的根本大法，是全党必须遵循的总规矩”，宣示了党中央坚持党要管党、从严治党、依规治党的决心。党中央反复强调把纪律和规矩挺在前面，强调“党面临的形势越复杂、肩负的任务越艰巨，就越要加强纪律建设，越要维护党的团结统一”。党中央把加强党的纪律和纪律建设作为党的建设的重要内容突出强化，以强烈的使命担当和坚定的毅力决心，始终把纪律特别是政治纪律和政治规矩挺在前面，着力解决人民群众反映最强烈、对党的执政基础威胁最大的突出问题。党中央严肃查处了周永康、徐才厚、郭伯雄、令计划、苏荣等一大批严重违反党的纪律和规矩的腐败干部，有力推动全面从严治党和反腐败斗争向纵深推进。通过设置层层防线，党中央全方位扎牢制度的笼子，使纪律成为带电的高压线，推动党的纪律建设在理论、实践和制度层面取得重大成就。在深刻总结党的十八大以来纪律建设进程与经验的基础上，党的十九大提出“以党的政治建设为统领”“全面推进党的政治建设、思想建设、组织建设、作风建设、纪律建设，把制度建设贯穿其中，深入推进反腐败斗争”的要求，这就在坚持党的十八大提出的“五

图为 2019 年 10 月，安徽省合肥市蜀山区井岗镇开展“不忘初心牢记使命”专题警示教育活动，警醒和告诫党员干部筑牢清正廉洁的思想防线。

大建设”要求的基础上，将“纪律建设”纳入新时代党的建设总体布局。2018年8月，中共中央印发了新修订的《中国共产党纪律处分条例》，将党的纪律建设的理论、实践和制度创新成果，以党规党纪形式固定下来，着力提高纪律建设的政治性、时代性、针对性。

党的纪律检查机关

纪律严明是中国共产党的独特优势。为保证纪律得到严格执行，在中国共产党内，专门成立了纪律检查委员会，作为党内监督专责机关。

中国共产党从成立伊始，就注意到建立党内监督机制的重要作用，并开始探索监督机制的制度建设和组织建设，设立专门的监察机构，赋予其专负其责的重任。可是，由于中国共产党刚成立时党员人数很少，组织很不完善，党的一大结束时，仅成立了由书记、宣传主任、组织主任3人组成的中央局，而没有成立中央委员会，更不用说成立专门维护纪律的机关了。

党的纪律检查委员会是随着党的不断发展壮大而逐步发展完善起来的。

到1926年7月，全国的共产党员已发展到18526人，比1925年1月党的四大召开时增加了十几倍。在党员数量突飞猛进的同时，党的思想建设和组织建设已无法满足迅速高涨的大革命形势的需要。革命形势的发展表明，进一步加强党组织建设，保障党的先进性和纯洁性，建立一个维护党性党纪的专门机构，已经成为党的建设发展的紧迫任务。

1927年5月9日，中国共产党第五次全国代表大会选举产生了中央监察委员会，它由7名委员和3名候补委员组成。监察委员会的主要职责是“审查违反党的纪律的行为”，行使“监察权力”，专门负责党的廉政建设和反对腐败斗争等方面的工作。这是中共历史上第一次在党内设立专门的监察机构。

然而，党的五大召开后，越来越严峻的形势使得中央监察委员会的工作基本处于“瘫痪”状态。在仅一年多的时间里，中央监察委员会的10名成员就有8名陆续牺牲或失踪，到最后仅剩下2名。当时的中国共产党处在十分严峻的生死关头，没有精力及时补充监察委员会成员，此时的中央监察委员会实际上只剩下机构的存在，基本上无法再进一步开展工作。1928年6月至7月，在苏联莫斯科召开的中国共产党第六次全国代表大会决定取消中央监察委员会，代之以职权范围较小的中央审查委员会。

1931年1月，党的六届四中全会后，中央监察委员会恢复。1934年1月，党的六届五中全会选举出中央党务委员会，取代中央监察委员会。

1945年，党的七大通过的党章重新规定设立监察机关，并明确其“在党委指导下工作”，这对后来确立纪律检查机关双重领导体制具有重要影响。1949年11月，根据中共中央《关于成立中央及各级党的纪律检查委员会的决定》，中央纪律检查委员会成立。朱德任书记，王从吾、安子文任副书记。此后，党的地方各级纪律检查委员会相继设立。党的各级纪律检查委员会对于清除党内的资产阶级思想，加强党的纪律，纯洁和巩固党的组织，保证党的路线、政策的正确执行，起到了积极作用。

1955年3月，中国共产党全国代表会议决定，在党的中央和地方各级组织中立即成立监察委员会，代替纪律检查委员会。同纪律检查委员会相比，监察委员会的组成方式、职权范围、工作体制都有重大调整。党的中央及地方各级监察委员会的产生不再由中央及各级党委指定，而是由中央及地方各级党的代表会议选举产生。在监察工作中，监察委员会检查的范围扩大了，监督的成分明显加强。党的八大指出："党的监察委员会应当不限于受理案件，而且要积极地检查党员遵守党的章程、党的纪律、共产主义道德和国家法律、法令的状况。"地方各级监察委员会检查处分同级党委委员的时候，应征得同级党委的同意，"如地方监察委员会认为同级党委的决定不适当的时候，有权向上一级党委提出申诉"。在工作体制上，上级监察委员会有权检查下级监察委员会的工作，下级监察委员会应向上级监察委员会报告工作。

中国共产党的各级监察委员会的成立，是党在当时历史条件下，对党内纪检、监察制度逐步完善的探索。1962年，党的八届十中全会又决定加强党的监察机关，扩大各级监察委员会委员的名额。

"文化大革命"期间，党的纪律法规被束之高阁，党的纪律检查机构受到严重冲击，党的纪律检查机关处于瘫痪状态。在这样极端的政治生态下，有些党员干部自行其是，对党的路线、方针、政策，对党的决定和任务，对党规党纪和党内民主制度，不执行或不遵守，甚至任意践踏与破坏，给党的形象和威信带来严重影响。

由于饱尝民主法制被践踏的苦果，恢复设立党的纪律检查机关成为"文化大革命"结束后全党的基本共识，成为拨乱反正的一项重要内容。1977年党的十一大审议通过的党章提出："党的中央委员会，地方县和县以上、军队团和团以上各级党的委员会，都设立纪律检查委员会"，"各级纪律检查委员会由同级党的委员会选举产生，并在同级党委的领导下，加强对党员的纪律教育，负责检查党员和党员干部执行纪律的情况，同各种违反党的纪律的行为作斗争”。这就为此后恢复设立党的纪律检查机关，提供了党内最高法规依据。

经过反复酝酿和充分准备，1978年12月党的十一届三中全会正式选举产生由100人组成的中央纪律检查委员会。其中，陈云任第一书记，邓颖超任第二书记，胡耀邦任第三书记，黄克诚任常务书记，王鹤寿等11人任副书记，另选举24名常务委员。新组成的中央纪律检查委员会聚集了许多德高望重、功勋卓著的老一辈革命家，并照顾到了方方面面，包括民族构成和性别等。同时，在年龄结构上，大多数是党龄较长、年龄较大而仍能工作的同志，也有20多名年富力强的中年同志，包括同林彪、“四人帮”作过坚决斗争的以及各条战线和有关部门的同志。这次会议的胜利召开，不仅从组织机构上建立了中央纪律检查委员会，而且从思想上为纪委工作的开展明确了方向，指明了任务，开创了新时期纪检工作的新局面。

恢复设立中央纪律检查委员会，是重建党的纪律检查机关的决定性一步，为组建各级纪律检查机关提供了样本和经验。至1980年初，中央、地方和军队各级党的纪检机关基本建立起来，形成了一个比较完整的纪检机构系统。

党的各级纪律检查委员会成立之后，把端正党风作为工作中心，立即行动起来，积极开展工作，切实履行“保护、惩处、监督、教育”四项职能，既维护党的纪律，又保护党员投身改革开放的积极性、创造性，保障和推动党的十一届三中全会确定的路线方针政策贯彻落实。

此后40多年间，随着改革开放的深入和全面从严治党的加强，党的纪律检查机关在机构设置和运行规则上不断改进和完善，作用越来越突出，成为推进全面从严治党的重要力量。

2022年10月，党的二十大通过的党章明确规定：党的各级纪律检查委员会是党内监督专责机关，主要任务是维护党的章程和其他党内法规，检查党的路线、方针、政策和决议的执行情况，协助党的委员会推进全面从严治党、加强党风建设和组织协调反腐败工作，推动完善党和国家监督体系。党的各级纪律检查委员会的职责是监督、执纪、问责，要经常对党员进行遵守纪律的教育，作出关于维护党纪的决定；对党的组织和党员领导干部履行职责、行使权力进行监督，受理处置党员群众检举举报，开展谈话提醒、约谈函询；检查和处理党的组织和党员违反党的章程和其他党内法规的比较重要或复杂的案件，决定或取消对这些案件中的党员的处分；进行问责或提出责任追究的建议；受理党员的控告和申诉；保障党员的权利。

在领导体制上，党的中央纪律检查委员会在党的中央委员会领导下进行工作。党的地方各级纪律检查委员会和基层纪律检查委员会在同级党的委员会和上级纪律检查委员会双重领导下进行工作。上级党的纪律检查委员会应加强对下级纪律检查委员会的领导。

党章还规定：党的各级纪律检查委员会每届任期和同级党的委员会相同。党的中央纪律检查委员会全体会议，选举常务委员会和书记、副书记，并报中央委员会批准。党的地方各级纪律检查委员会全体会议，选举常务委员会和书记、副书记，并由同级党的委员会通过，报上级党的委员会批准。党的中央和地方纪律检查委员会向同级党和国家机关全面派驻党的纪律检查组，按照规定向有关国有企业、事业单位派驻党的纪律检查组。纪律检查

图为 2018 年 1 月 29 日，四川省广安市广安区纪检干部在该区机关事务管理中心公车集中停放点核查公车停放、使用情况。

组组长参加驻在单位党的领导组织的有关会议。他们的工作必须受到该单位党的领导组织的支持。这一系列严密的设计，保证了纪检监察机关科学、有效的运行。

历经一百余年革命、建设、改革的探索和完善，中国共产党已经形成了包括一部党章、两部准则、二十四部条例，以及几千件规则、规定、办法、细则等在内的比较完备的党内法规体系，形成了政治纪律、组织纪律、廉洁纪律、群众纪律、工作纪律、生活纪律等党员必须严格遵守的六大纪律。从中国共产党的建设和发展进程来看，这些制度为不同时期规范党的组织和党员言行、纠正和处置违纪违规行为、清除蜕化变质分子提供了依据和准绳，维护了党的团结和统一，保证了党的先进性和纯洁性，促进了党的巩固和发展，形成和发展了我们党独特的“纪律优势”和优良传统。

中国共产党的百年历史，也是一部党的纪律建设史。中国共产党正是靠铁的纪律团结力量、统一思想、凝聚人心，使党的执政基础和能力不断巩固、提升，使百年大党焕发出更加强大的生机活力。

第五章

为民的情怀：中国共产党的宗旨

人民立场是马克思主义的根本政治立场

对一个政党而言，有什么样的政治立场与群众观，就会有什么样的价值观。从根本上看，“相信谁、依靠谁、为了谁，是否始终站在最广大人民的立场上，是区分唯物史观和唯心史观的分水岭，也是判断马克思主义政党的试金石”。中国共产党“不是‘知识者组织的马克思主义学会’，也不是‘少数共产主义者离开群众之空想的革命团体’”，而是由无产阶级革命群众共同组建起来的一个群众组织，代表广大人民群众的根本利益。

人民立场是中国共产党的根本政治立场，这种立场是中国共产党与生俱来的特质，是马克思主义政党区别于其他政党的显著标志。《中国共产党章程》明确规定：“党除了工人阶级和最广大人民群众的利益，没有自己特殊的利益。党在任何时候都把群众利益放在第一位，同群众同甘共苦，保持最密切的联系，坚持权为民所用、情为民所系、利为民所谋，不允许任何党员脱离群众，凌驾于群众之上。”

中国共产党从成立之日起，就坚持把为中国人民谋幸福、为中华民族谋复兴作为初心使命，团结带领中国人民为创造自己的

中南海新华门是中共中央和国务院办公所在地的正门，“为人民服务”五个大字庄严地昭示着中国共产党及其领导的人民政府的根本宗旨。图为新华门。

美好生活进行长期艰辛的奋斗。新民主主义革命时期，党团结带领广大农民“打土豪、分田地”，实行“耕者有其田”，帮助穷苦人翻身得解放，赢得了最广大人民的广泛支持和拥护，从而夺取了中国革命胜利，建立了新中国，为国家摆脱贫弱状态创造了根本政治条件。新中国成立后，党团结带领人民完成社会主义革命，确立社会主义基本制度，推进社会主义建设，组织人民自力更生、发愤图强、重整山河，为增强国家实力、改善人民生活打下了坚实基础。改革开放以来，党团结带领人民实施了大规模、有计划、有组织的扶贫开发，着力解放和发展社会生产力，着力保障和改善民生，取得了前所未有的伟大成就。

一部中国共产党历史，就是一部反映中国共产党人全心全意为人民服务的历史。“为人民服务”像一根红线贯穿了中国共产党一百余年历史，激励一代代中国共产党人前赴后继、英勇奋斗。

“共产党真正好，什么事情都替我们想到了！”

中国共产党从诞生之日起，就确立了马克思主义唯物史观、人民立场与群众观点。1921年，毛泽东明确指出：“唯物史观是吾党哲学的根据。”1922年党的二大《关于共产党的组织章程决议案》强调，党应当是“无产阶级中最有革命精神的广大群众组织起来为无产阶级之利益而奋斗的政党”，要到群众中去“组成一个大的‘群众党’”。党在成立之初，即通过举办工人学校、组织产业工会、领导工人开展罢工斗争、领导农民开展农民运动，以争取保障政治权利、改善生活待遇等，不断为人民群众谋利益。

在井冈山革命斗争时期，红军每到一地，都积极参加农业生产劳动。特别是到了稻谷成熟的季节，毛泽东还向全体指战员发出支援农民收割的指示，从军官到士兵，人人参加，个个上阵，早出晚归，帮助缺少劳力的农户割稻。在中央苏区，苏维埃干部“最具体最实际地解决群众中的每一个困难问题”。

在瑞金沙洲坝，了解到当地村民饮水困难，毛泽东带领警卫战士帮助当地群众开挖了一口解决吃水问题的井。沙洲坝人民将这口井取名为“红井”，同时在井旁立了一块碑，刻上“吃水不忘挖井人，时刻想念毛主席”14个大字。“红井”是当年党和苏维埃政府关心群众生活、为人民群众办实事的历史见证。

1932年夏荒缺粮，长冈乡苏维埃政府安排人专门到200里外的公略县买米供给群众，解决群众的吃饭问题；该乡苏维埃政府主席谢昌宝在下乡调查时，发现有个红军家属的小孩生疮，就亲自上山采草药，帮助孩子治好了病；长冈乡贫苦农民马荣海的房子失火烧了一间半，谢昌宝知道情况后，立即指示互济会予以帮助，资助了马荣海6吊多钱，还发动群众帮工帮料，仅用3天就帮马荣海盖好了新房；有人没有饭吃，乡政府和互济会就马上捐米救济他们；红军家属中生病困难的，由乡政府和互济会负责接济。当地群众发自内心地说：“共产党真正好，什么事情都替我们想到了！”

1934年2月，身为中华苏维埃共和国中央人民政府主席的毛泽东在江西瑞金召开的第二次全国工农兵代表大会上号召，要关心群众的痛痒，真心实意地为群众谋利益，解决群众的生产和生活

2016 年 10 月 18 日，江西瑞金沙洲坝红色旅游景区，红井。

的问题，盐的问题，米的问题，房子的问题，衣的问题，生小孩子的问题，解决群众的一切问题，使千百万真心实意地拥护革命的群众，变成我们真正的铜墙铁壁。

中国共产党人是这样说的，也是这样做的。至今，在江西革命老区还流传着一首山歌，歌里唱道："苏区干部好作风，自带干粮去办公。日着草鞋干革命，夜打灯笼访贫农。"这就是当年中国共产党的干部为民服务的生动写照。

即使是在万里长征中，红军仍不改本色。1934年11月，在湖南省汝城县沙洲村，3名女红军借宿在农民徐解秀家中，临走时，把自己仅有的一床被子剪下一半留给了徐解秀。我们知道，红军长征一路上相当艰苦，面对敌人的围追堵截，红军战士长途行军，经常风餐露宿，吃不饱饭不说，还经常面临着生命危险。但就是在这种情况下，3名女红军看到穷苦的老百姓穷得连条棉被都没有，便毫不犹豫地将自己仅有的一条被子剪下一半送给老百姓。徐解秀说："什么是共产党？共产党就是自己有一条被子，也要剪下半条给老百姓的人。"尽管这只是一个很小的故事，3名女红军战士是那么普通，甚至都没有留下名字，但它十分感人，意蕴深刻。

全心全意为人民服务

1944年9月5日，有一个年轻的八路军战士在延安牺牲了。这个战士的名字叫张思德。他出生在四川仪陇一个穷苦农民家庭，1933年参加红军，1937年加入了中国共产党。他跟着红军，曾数次爬雪山、过草地。他作战机智勇敢，奋不顾身，屡立

图为四川仪陇张思德纪念馆。

战功，也曾多次负伤。红军长征到达陕北后，张思德来到中央警备团当战士，在延安枣园毛泽东等中央领导人工作的地方执行警卫任务。

1944年夏，张思德服从组织安排，去安塞执行烧炭任务。在工作中，张思德不怕苦、不怕累、不怕脏，充分发挥了共产党员的先锋模范作用。9月5日，张思德和战友们在挖窑洞时，即将挖成的窑洞突然坍塌，张思德奋力把战友推出洞外，自己却被埋在洞里，不幸牺牲，年仅29岁。得知张思德牺牲的消息后，毛泽东心情十分悲痛，提出要为张思德开追悼会，他要参加并讲话。

9月8日，毛泽东在延安张思德的追悼会上，发表了著名的《为人民服务》的讲话。在讲话中，毛泽东开门见山指出："我们这个队伍完全是为着解放人民的，是彻底地为人民的利益工作的。"这是毛泽东对中国共产党根本宗旨的深刻概括。毛泽东在这里特意使用"完全""彻底"等形容词，突出强调了我们党为人民谋利益这一宗旨的纯粹与极致。毛泽东将"是为绝大多数人谋利益，还是为少数人谋利益，这是无产阶级政党与历史上其他一切政党的根本区别"这一马克思主义基本观点升华为中国共产党的根本宗旨，并创造性地将之概括为"为人民服务"。为人民服务的重要思想，是中国共产党人对马克思主义认识论和实践论的运用和发展。

我们党为人民服务的性质宗旨，既集中体现在中国共产党章程和党的指导思想上，也具体体现在无数像张思德这样普通又不平凡的先进模范人物身上。张思德在平凡工作岗位上默默奉献、以身殉职，用自己短暂的一生，生动诠释了全心全意为人民服务的宗旨。"为人民服务"这五个大字，是对张思德等无数共产党人所体现出来的"完全是为着解放人民的，是彻底地为人民的利益工作的”精神的充分肯定和高度概括。在张思德追悼会后不久，毛泽东就把“为人民服务”作为一个普遍要求扩大至全党全军，明确提出：“我们的每一个指战员以至每一个炊事员、饲养员，都是为人民服务的。”

在中国共产党第七次全国代表大会上，毛泽东进一步全面系统阐述了为人民服务的重要思想。他深刻指出：“紧紧地和中国人民站在一起，全心全意地为中国人民服务，就是这个军队的唯一的宗旨。”“全心全意地为人民服务，一刻也不脱离群众；一切从人民利益出发，而不是从个人或小集团的利益出发；向人民负责和向党的领导机关负责的一致性；这些就是我们的出发点。”党的七大把“为人民服务”写入《党章》，规定中国共产党人必须具有全心全意为中国人民服务的精神，必须理解党的利益与人民利益的一致性，对党负责与对人民负责的一致性，必须用心倾听人民群众的呼声和了解他们的需要，必须决心向人民群众学习。至此，全心全意为人民服务成了中国共产党的根本宗旨。

人民立场、执政为民

新中国成立后，中国共产党始终坚持人民立场、群众观点和全心全意为人民服务的根本宗旨，并不断发扬光大。毛泽东告诫全党：“共产党就是要奋斗，就是要全心全意为人民服务，不要半心半意或者三分之二的心三分之二的意为人民服务。”1954年9月20日，第一届全国人民代表大会通过了新中国第一部宪法，宪法总纲第十八条明确规定：“一切国家机关工作人员必须效忠人民民主制度，服从宪法和法律，努力为人民服务。”这就把为人民服务从全党的基本要求进一步推广为全体国家机关工作人员的行为规范，成为全社会共同的价值追求。随着中国特色社会主义事业和党的建设新的伟大工程的推进，为人民服务不断被赋予新的时代内涵，在党和国家政治生活、社会生活中产生了广泛深刻的影响。

人民的好干部——焦裕禄对革命无限忠诚，为人民鞠躬尽瘁，始终保持劳动人民的本色，身不离劳动，心不离群众；始终和广大人民群众保持最密切的联系，时刻想着人民群众，热情帮助人民群众解决具体困难，把自己的一生都奉献给了为人民服务的伟大事业。

1962年冬，焦裕禄来到兰考县，先后担任县委第二书记、书记。展现在他面前的兰考大地，是一幅严重的灾荒景象。横贯全境的两条黄河故道，是一眼望不到边的黄沙；片片内涝的洼窝里，结着青色的冰凌；白茫茫的盐碱地上，枯草在寒风中抖动。重重困难没有吓倒这位贫苦农民出身的共产党员，他坚信：只要加强党的领导，只要紧紧依靠人民群众，就是有天大的艰难，也一定能杀出一条路来。

从到任第二天起，焦裕禄就深入基层调查研究。他拖着患有慢性肝病的身体，在一年多的时间里，跑遍了全县140多个大队中的120多个。他经常住在农民的草庵子里，蹲在牛棚里，跟群众一起吃饭，一起劳动。他带着高昂的革命激情和对群众的无限信任，在广大群众中间询问着、倾听着、观察着。他看到了许多村自力更生、奋发图强与内涝、风沙、盐碱“三害”作斗争的场景，他在群众中学到了不少治沙、治水、治碱的办法，总结了许多可贵的经验。群众的智慧使他受到了极大的鼓舞，也更坚定了他战胜灾害的信心。

图为焦裕禄。他被誉为“县委书记的榜样”。

在带领全县人民封沙、治水、改地的斗争中，焦裕禄身先士卒，以身作则。风沙最大的时候，他带头去查风口，探流沙；大雨倾盆的时候，他带头蹚着齐腰深的洪水察看洪水流势；风雪铺天盖地的时候，他率领干部访贫问苦，登门为群众送救济粮款。他把群众同自然灾害斗争的宝贵经验，一点一滴地集中起来，成为全县人民的共同财富，成为战胜自然灾害的有力武器。

1964年春天，正当兰考人民同涝、沙、碱的斗争逐步走向胜利时，焦裕禄的肝病越来越重了。他在开会、作报告时，经常把右脚踩在椅子上，用右膝顶住肝部，不断用左手按住疼处。有时实在受不了，他会用一个硬东西一头顶着椅子，一头顶住肝部。天长日久，他坐的藤椅被顶出了一个大窟窿。组织上劝他住院治疗，他总是说 “工作忙，离不开”。他心里装着全体人民，却唯独没有他自己。

1964年5月14日，焦裕禄被肝癌夺去了生命，年仅42岁。他临终前对组织上唯一的要求，就是他死后“把我运回兰考，埋在沙堆上”。在生命的弥留之际，他还念念不忘人民群众，念念不忘党的工作，表现了一个伟大的共产主义战士对党、对人民的无限忠诚。

30多年后，又有一位党的好干部孔繁森的先进事迹传遍大江南北。1979年，国家从内地抽调一批干部到西藏自治区工作，当时担任中共聊城地委宣传部副部长的孔繁森欣然赴藏。

从踏上西藏高原那天起，孔繁森就暗下决心：把自己的一切献给祖国这块神圣的土地，献给勤劳、勇敢的藏族人民。孔繁森进藏本来是作为日喀则地委宣传部副部长选调的，报到后，自治区领导见他年轻体壮、意气风发，决定改派他到海拔4700多米的岗巴县担任县委副书记。征询他的意见，他回答得很痛快：“我

图为 2010 年 6 月 25 日，聊城大学大学生志愿服务西部计划志愿者在孔繁森纪念馆举行宣誓仪式，发出“到西部去，到基层去，到祖国和人民最需要的地方去”的誓言。

年纪轻，没问题，大不了多喘几口粗气。”那时，党的十一届三中全会刚刚开过，为了在农牧区推广家庭联产承包责任制，带领群众脱贫致富，他亲自到一个乡试点，再把经验在全县推广。在岗巴县的3年，他几乎跑遍了全县的乡村牧区，每到一地就访贫问苦，宣传党的政策，和群众一起收割、打场、挖泥塘，与当地群众结下了深厚的情谊。有一次，他骑马下乡，从马背上摔下来，昏迷不醒。当地的藏族群众抬着他走了30里山路，把他送到医院抢救。当他从昏迷中醒来时，看到很多藏族群众守护在身边。1981年，孔繁森奉调回山东，离开岗巴时，藏族同胞依依不舍地含泪为他送行。

1988年，孔繁森第二次进藏，担任拉萨市副市长，分管文教、卫生和民政工作。任职期间，他跑遍了全市8个县区的所有公办学校和一半以上乡办、村办小学，为发展少数民族教育事业殚精竭虑。在他和全市教育工作者的共同努力下，拉萨的适龄儿童入学率从45%提高到80%。

听说孔繁森要延长在藏时间、转到阿里工作，有的同志劝他：“你是山东的干部，已经先后两次进藏，该吃的苦也吃了。凭你的政绩和能力，回去一定可以干得更好、进步得更快。”听了这话，孔繁森的神情顿时严肃起来：“怎么能说我是山东的干部呢？我们共产党员无论在哪里工作都是党的干部。越是边远贫穷的地方，越需要我们为之去拼搏、奋斗、付出。否则，就有愧于党，有愧于群众。”他始终在努力实践着自己最喜爱的那句名言：“一个人爱的最高境界是爱别人，一个共产党员爱的最高境界是爱人民。”

“率领群众致富，是我们的天职。每一个党员干部，都应当与人民同甘苦、共命运。这样，我们党才有威信，国家才有希望。阿里虽说偏僻落后，但发展潜力也很大。关键是要带领群众真抓实干。我有信心和全地区人民同舟共济、艰苦创业，共同建设一个文明、富裕的新阿里。”到阿里赴任前，孔繁森已把自治区的各有关部门跑了个遍，将阿里地区的自然概况和历年来经济统计数字都抄在笔记本上。为了进一步摸清阿里的情况，他一个县、一个区、一个乡地跑。从措勤到札达，从普兰到日土，实地考察，求计问策，寻找带领群众脱贫致富的路子。在阿里不到两年的时间里，从南方的边境口岸到藏北大草原，从班公湖到喜马拉雅山谷地，全地区106个乡，他跑了98个，行程8万多公里。在孔繁森等地委、行署一班人的带领下，阿里的经济有了较快发展。1994年，全地区国民生产总值超过1.8亿元，比1993年增长37.5%；国民收入超过1.1亿元，比上年增长6.87%。一幅全面振兴阿里经济的宏伟蓝图，正在这雪域高原上成为现实。

正是以焦裕禄、孔繁森为代表的优秀党员干部坚持谋实事、出实招、求实效，团结带领人民群众脚踏实地地干、雷厉风行地干、掷地有声地干，才使人民群众美好生活的向往不断变为现实。

时刻以人民为中心

“人民对美好生活的向往，就是我们的奋斗目标”，这是以习近平同志为核心的党中央面向全世界作出的庄严承诺。习近平总书记指出：“让人民过上好日子，是我们一切工作的出发点和落脚点。”党的十八大以来，以习近平同志为核心的党中央明确提出“以人民为中心”的发展思想，并将其作为新时代坚持和发展中国特色社会主义思想的基本方略。这个思想是我们党站在新的历史方位上对“为人民服务”这一党的宗旨的发展和升华。

党的十八大以来，中国共产党把“以人民为中心”的发展思想摆在治国理政的突出位置，强调要聚焦实现“七有”目标，增强人民群众的获得感、幸福感、安全感；要着力打赢脱贫攻坚战，“决不能让困难地区和困难群众掉队”；要全面依法治国，“努力让人民群众在每一个司法案件中感受到公平正义”；要站在群众的立场上想问题、作决策、办事情，通过各种途径了解群众的意见和要求、批评和建议，真抓实干解民忧、纾民怨、暖民心，让人民群众的获得感、幸福感、安全感更加充实、更有保障、更可持续。这些实实在在的举措，都是党的人民立场在新时代的落实和体现。

2020年以来，突如其来的新冠疫情对党的执政理念和执政效能提出了重大考验。中国共产党以坚定果敢的勇气和决心，快速有效调动全国资源和力量，采取最全面最严格最彻底的防控举措，有效阻断病毒传播链条，取得了抗击疫情战役的决定性胜利。疫情期间，460多万个基层党组织广泛动员群众、组织群众、凝聚群众、服务群众，筑起一座座抗击疫情的坚固堡垒。全国3900多万名党员、干部战斗在抗疫一线，1300多万名党员参加志愿服务，近400名党员、干部为保卫人民生命安全献出了宝贵生命。人民至上、生命至上的执政理念，落实到不惜一切代价维护人民生命安全和身体健康的实际行动中，使广大人民更加深切地信任、认同、拥护党的领导，更加深刻地理解了为人民服务这一党的根本宗旨。从根本上讲，坚持人民立场，就是要把人民拥护不拥护、赞成不赞成、高兴不高兴、答应不答应作为衡量一切工作得失的根本标准。在这次抗疫斗争中，中国共产党向人民交出

图为 2019 年 12 月 7 日，在江苏省如皋市白蒲镇朱窑村一合作社韭黄种植基地，党员志愿者服务队在帮助入股合作社的低保户收割韭黄。

四川省巴中市南江县地处川东北秦巴山区，集贫困地区、革命老区和生态富集区于一体，是全国扶贫开发工作重点县。秦巴山区上万名党员干部与贫困户结成对子，精准帮扶。图为 2016 年 3 月 21 日南江县青柏村第一书记程耒（右二）在与村民们聊家常。

了一份合格的答卷。

在2020年召开的十三届全国人大三次会议上，习近平总书记在参加内蒙古代表团审议时强调："中国共产党根基在人民、血脉在人民。党团结带领人民进行革命、建设、改革，根本目的就是为了让人民过上好日子，无论面临多大挑战和压力，无论付出多大牺牲和代价，这一点都始终不渝、毫不动摇。"总书记的讲话一以贯之继承着中国共产党"以人为本、以民为本、人民至上"的执政理念。

党的十八大以来，党中央鲜明提出，全面建成小康社会最艰巨最繁重的任务在农村特别是在贫困地区，没有农村的小康特别是没有贫困地区的小康，就没有全面建成小康社会；贫穷不是社会主义，如果贫困地区长期贫困，面貌长期得不到改变，群众生活水平长期得不到明显提高，那就没有体现我国社会主义制度的优越性，那也不是社会主义，必须时不我待抓好脱贫攻坚工作。2012年年底，党的十八大召开后不久，党中央就突出强调，"小康不小康，关键看老乡，关键在贫困的老乡能不能脱贫"，承诺"决不能落下一个贫困地区、一个贫困群众"，由此拉开了新时代脱贫攻坚的序幕。

2013年，党中央提出精准扶贫理念，创新扶贫工作机制。2015年，党中央召开扶贫开发工作会议，提出实现脱贫攻坚目标的总体要求，确定了"六个精准""五个一批"方针，即：扶持对象精准、项目安排精准、资金使用精准、措施到户精准、因村派人精准、脱贫成效精准；发展生产脱贫一批、易地搬迁脱贫一批、生态补偿脱贫一批、发展教育脱贫一批、社会保障兜底脱贫一批。发出打赢脱贫攻坚战的总攻令。2017年，党的十九大把精

各级党组织和广大共产党员奋战脱贫攻坚第一线。图为湖北省恩施土家族苗族自治州建始县龙坪乡店子坪村“愚公支书”王光国（左）带领村民修路。

西藏昌都地区位于西藏东部，地处横断山脉三江流域，山高谷深，很多地方难以修路架桥，居住在深山里的老百姓过去只能依靠溜索出行。图为西藏昌都地区埃西乡日巴村村民滑溜索运送物资。

近年来，由国家投资的溜索改吊桥项目正一批批完成，一条条铁索变成了平稳的吊桥，溜索将成为见证西藏交通发展的“活化石”。图为西藏昌都地区修建好的吊桥。

准脱贫作为三大攻坚战之一进行全面部署，锚定全面建成小康社会目标，聚力攻克深度贫困堡垒，决战决胜脱贫攻坚。

党和人民披荆斩棘、栉风沐雨，发扬钉钉子精神，敢于啃硬骨头，攻克了一个又一个贫中之贫、坚中之坚，脱贫攻坚取得了重大历史性成就。自扶贫攻坚战打响以来，平均每年有1000多万人脱贫，相当于一个中等国家的人口脱贫。贫困人口收入水平显著提高，全部实现“两不愁三保障”，即不愁吃、不愁穿，义务教育、基本医疗、住房安全有保障。2000多万贫困患者得到分类救治，曾经被病魔困扰的家庭挺起了生活的脊梁。近2000万贫困群众享受低保和特困救助供养，2400多万困难残疾人和重度残疾人拿到了生活和护理补贴。110多万贫困群众当上护林员，守护绿水青山，换来了金山银山。无论是雪域高原、戈壁沙漠，还是悬崖绝壁、大石山区，脱贫攻坚的阳光照耀到了每一个角落，无数人的命运因此而改变，无数人的梦想因此而实现，无数人的幸福因此而成就！

贫困地区发展步伐显著加快，经济实力不断增强，基础设施建设突飞猛进，社会事业长足进步，行路难、吃水难、用电难、通信难、上学难、就医难等问题得到历史性解决。义务教育阶段建档立卡贫困家庭辍学学生实现动态清零。具备条件的乡镇和建制村全部通硬化路、通客车、通邮路。新改建农村公路110万公里，新增铁路里程3.5万公里。贫困地区农网供电可靠率达到99%，大电网覆盖范围内贫困村通动力电比例达到100%，贫困村通光纤和4G比例均超过98%。790万户、2568万贫困群众的危房得到改造，累计建成集中安置区3.5万个、安置住房266万套，960多万人“挪穷窝”，摆脱了闭塞和落后，搬入了新家园。许多乡亲告别溜索桥，天堑变成了通途；告别苦咸水，喝上了清洁水；告

贵州省黔南州荔波县处于“三山”地区，自然环境恶劣。作为国家级重点贫困县，是脱贫攻坚主战场。图为 2017 年 6 月 19 日，荔波县佳荣镇，异地扶贫搬迁安置点的居民在安置点开始新生活。

2020 年 1 月 22 日，医护人员宣誓成立突击队。当日，华中科技大学同济医学院附属协和医院内科 30 余名医护人员组成抗击新型冠状病毒医疗突击队，投入到协和医院对口支持的发热定点医院——武汉红十字会医院的抗疫工作中。

别四面漏风的泥草屋，住上了宽敞明亮的砖瓦房。千百万贫困家庭的孩子享受到更公平的教育机会，孩子们不再需要天天跋山涉水上学，实现了住学校、吃食堂。28个人口较少民族全部整族脱贫，一些新中国成立后“一步跨千年”进入社会主义社会的“直过民族”，又实现了从贫穷落后到全面小康的第二次历史性跨越。所有深度贫困地区的最后堡垒被全部攻克。脱贫地区处处呈现山乡巨变、山河锦绣的时代画卷！

2021年2月25日，习近平总书记在全国脱贫攻坚总结表彰大会上宣布：我国脱贫攻坚战取得了全面胜利，现行标准下9899万农村贫困人口全部脱贫，832个贫困县全部摘帽，12.8万个贫困村全部出列，区域性整体贫困得到解决，完成了消除绝对贫困的艰巨任务，创造了又一个彪炳史册的人间奇迹！

中国共产党领导中国人民进行革命、建设、改革的一百余年历史充分证明，人民是历史的创造者，人民是真正的英雄。人民是我们党执政的最大底气，是我们共和国的坚实根基，是我们强党兴国的根本所在。我们党来自于人民，为人民而生，因人民而兴，必须始终与人民心心相印、与人民同甘共苦、与人民团结奋斗。每个共产党员都要弄明白，党除了人民利益之外没有自己的特殊利益，党的一切工作都是为了实现好、维护好、发展好最广大人民的根本利益；江山就是人民，人民就是江山；必须相信人民、依靠人民；我们永远是劳动人民的普通一员，必须保持同人民群众的血肉联系。

不忘初心、牢记使命，说到底是为什么人、靠什么人的问题。以百姓心为心，与人民同呼吸、共命运、心连心，是党的初心，也是党的恒心。中国共产党始终把人民立场作为根本立场，把为人民谋幸福作为根本使命，坚持全心全意为人民服务的根本宗旨，贯彻群众路线，尊重人民主体地位和首创精神，始终保持同人民群众的血肉联系，团结带领人民共同创造历史伟业。这是尊重历史规律的必然选择，是共产党人不忘初心、牢记使命的自觉担当。

第六章

成功的密钥：中国共产党的自我革命精神

勇于善于自我革命，是中国共产党区别于其他政党的最显著标志。中国共产党为什么“能”？其中一个重要因素在于它有自我革命精神，具有与生俱来的自我革命基因，能够坚持真理、修正错误，具有极强的自我净化、自我完善、自我革新、自我提高能力。习近平总书记明确指出：“勇于自我革命，是我们党最鲜明的品格，也是我们党最大的优势。中国共产党的伟大不在于不犯错误，而在于从不讳疾忌医，敢于直面问题，勇于自我革命，具有极强的自我修复能力。”从石库门到天安门，从50多名党员发展到9800多万名党员，中国共产党的内在活力和旺盛生机令世人惊叹。中国共产党之所以成功、之所以充满奋进力量，其中一个重要原因在于：拒绝自满、永不停滞，保持了勇于自我革命的精神。

自我革命，犹如拿起手术刀给自己动手术，是刀刃向内、刮骨疗毒，这无疑是痛苦的、艰难的，因此格外需要思想上的高度自省、行动上的高度自觉。

中国共产党为什么能做到这一点？

这是因为，马克思主义政党要保持先进性和纯洁性，就要同一切弱化先进性、损害纯洁性的问题作斗争，就要祛病疗伤，激浊扬清。马克思说过，无产阶级革命与其他革命不同之处就在于：它自己批评自己，并靠批评自己壮大起来。列宁讲过："一个政党对自己的错误所抱的态度，是衡量这个党是否郑重，是否真正履行它对本阶级和劳动群众所负义务的一个最重要最可靠的尺度。公开承认错误，揭露犯错误的原因，分析产生错误的环境，仔细讨论改正错误的方法——这才是一个郑重的党的标志。"中国共产党作为马克思主义政党，是中国工人阶级的先锋队，同时也是中国人民和中华民族的先锋队，自然需要不断进行自我革命，以更好地完成为人民谋利益谋幸福的历史使命。

一个强大的政党，是在自我革命中锻造出来的

中国共产党自1921年成立以来，在领导人民进行革命、建设和改革的伟大实践中，经历了无数的艰辛与磨难，也经受了各种挫折与失败的考验。中国共产党之所以能够在危难之际绝处逢生，在挫折之后毅然奋起，在失误之后拨乱反正，在苦难之中百折不挠，至关重要的是因为它随时准备坚持真理、随时准备修正错误。历史上的八七会议、古田会议、遵义会议、延安整风、七千人大会，党的十一届三中全会前后的拨乱反正，真理标准问题讨论，党的十一届六中全会作出的《关于建国以来党的若干历史问题的决议》等，都是中国共产党勇于自我革命的光辉典范。

中国共产党在创建初期，就以严格的纪律和严密的组织为基本特征，奠定了党进行自我革命的组织保障和制度基础。"我们的党从最初组织起就有自我批评和思想斗争，就确定了民主集中制，就有严格的组织与纪律，就不允许派别的存在，就严厉地反

对了自由主义、工会独立主义、经济主义等。”中国共产党在实际工作中坚持实行严格的纪律，对违反纪律、不符合标准的党员予以严肃处理。作为党的一大代表的陈公博和周佛海两人，虽然在建立党的早期组织过程中做过一些工作，但不久就由于严重违反党的纪律而被清除出党，这为保持党组织的纯洁性、彰显党自我净化的政治担当和勇气树立了典范。针对党员队伍成分复杂的问题，中国共产党不断通过自我革命来肃清党内投机腐败分子，坚决维护党组织的纯洁性，为增强党的凝聚力和战斗力奠定了坚实基础。

中国共产党成立后，短短几年时间内，很快从只有50多名党员发展成为全国范围的、拥有5.7万余人的政党，广大党员和党员干部具有很高的革命热情和积极性。但是在第一次国共合作后期，由于陈独秀犯了右倾机会主义错误，当蒋介石、汪精卫发动反革命政变时，中国共产党无法领导广大人民组织有效的抵抗，第一次大革命失败，一大批共产党员包括党的优秀领导人惨遭杀害，党的组织遭受严重破坏。据统计，至1927年年底，党员人数锐减到1万余人。在白色恐怖笼罩之下，中国共产党面临许多新的变化：由公开或半公开状态转入地下秘密活动；由以政治斗争为主转入独立领导武装斗争；工作重心从城市被迫转入农村等。党面临着适应这些新变化的考验，尤其是要解决在农村开展武装斗争，党和军队中农民成分占大多数的情况下怎样保持先锋队性质的问题。

八七会议自我纠偏

在中国共产党和中国革命事业处于生死关头，中共中央排除了右倾机会主义错误的干扰，并采取一系列果断措施，奋起反击武装的反革命。具有重大历史意义的八七会议，就是在这样特殊的背景下召开的。

1927年8月7日，中共中央在武汉召开紧急会议（史称“八七会议”），因为残酷的外部环境，会议只开了一天。这次会议的中心议题包括共产国际代表报告与议定《告全党党员书》、临时中央常委代表瞿秋白作报告、改组中央政治局等三项。其中，《告全党党员书》对党在这一时期的错误进行了深刻反省，指出“党的指导执行了很深的机会主义的错误方针，如果不抛弃这一机会主义的方针，纠正过去的错误，那就不能正确的规定将来的工作”；“工人阶级的革命党，要纠正自己的错误，只有公开的批评这些错误，而且使全党党员都参加这种批评”。在批评错误的同时，《告全党党员书》强调发展工人运动、开展土地革命、武装工农的极端重要性；强调党内必须建立真正的有监督的民主集中制；提出“应当使全党党员详细讨论过去党的政策”，“要整顿自己的队伍，纠正过去的错误，而找着新的道路”。

如果说《告全党党员书》着重解决的是党的政治路线问题，那么，会议通过的《党的组织问题决议案》则主要纠正了党的组织建设上存在的严重问题。

《党的组织问题决议案》提出：（1）充分发扬党内民主，“先由支部讨论，然后在各省之区、县、市、省开秘密会议，详细讨论党的政策问题”，以“统一全党思想”，达到“改造各级党部的机关”的目的。（2）“现时秘密状态之中，需要最大限度

图为复原后的八七会议会址。

的集权”。（3）严守党的工作纪律与组织纪律是秘密状态下党的生存与工作的必要条件。“党部机关的一切决议及决定、调遣等等，应当绝对服从，一切党员，不论其地位如何都应如此”。（4）在各级党部委员会下，现时须即组织审查委员会，以审查所属党员有否不可靠分子，但“这种审查不应带有清党的性质，而只是去掉对于党部不可靠的分子”。

党在八七会议上通过自我革命这一强大的思想武器，及时纠正了党内存在的右倾错误。同时，从八七会议开始，中国共产党确立了党内自我纠偏的优良传统。这对于从政治上、思想上、组织上统一和团结全党，清除党内出现的某些涣散与紊乱状态，实行党的政治路线与组织路线的转变，巩固并重新发展党的组织起了极大的作用。正如毛泽东所指出的，“八月七日党中央的紧急会议反对了政治上的右倾机会主义，使党大进了一步”。

古田会议精神对人民军队的革命性锻造

由于中国共产党成立时间不长，八七会议并没有从理论和思想上对党内“左”的错误进行正确分析和清除，年轻的中国共产党尚缺乏对新的方针和政策作出系统分析和解释的能力。

面对大革命失败后的白色恐怖，再加上对国民党屠杀政策的仇恨和愤怒，中国共产党内“左”倾冒险情绪很快发展起来，这给党和红军带来很大损失。与此同时，流寇主义、个人主义、军阀主义和盲动主义等错误思想在党内也有所滋长。随着红军部队的不断发展壮大，党内、军内涌进了大量的农民和其他小资产阶级出身的同志。这使党和红军必然要受到来自农民和城市小资产阶级及其他非无产阶级思想的影响，严重妨碍党的路线的贯彻执行。

1929年初，毛泽东和朱德领导的红四军到达赣南闽西后，党内非无产阶级思想更加严重，极端民主化、重军事轻政治、主张流动游击的流寇主义等错误思想在党内有着相当大的影响，军阀主义

图为古田会议会址。

残余、非组织观点、绝对平均主义、主观主义、个人主义、盲动主义残余等错误倾向抬头。军中有些人对党委、支部讨论和决定问题的制度不习惯，喜欢“长官说了算”。有些人认为党委领导是“自上而下的家长制”，甚至把党的领导说成是“书记独裁”而加以反对。同时，红四军内部在创建根据地和军队建设等一些问题上也产生了分歧和争论。有些人把军队工作看成只是单纯的打仗，不关心根据地的创建，不愿做艰苦的群众工作，喜欢“走州过府”“流动游击”，打下城市就到那里吃吃喝喝。有的干部经常打骂士兵，枪毙逃兵的现象也有发生。有些军事干部认为，军事高于一切，主张政治机关附属于军事机关，提出“司令部对外”的口号。这些错误思想和分歧影响到红四军上层，也引发了领导干部之间的争论。毛泽东曾力图纠正这些错误思想，他认为应当加强党对军队的领导，加强思想政治工作，实行民主集中制，发动群众，建立巩固的农村根据地，但有些同志持不同意见。

这些情况引起了当时党和红军领导人的高度重视。1929年9月，陈毅代中共中央起草了给红四军的指示信，即党史上著名的“九月来信”。这封指示信总结了大革命失败后两年来的斗争经验，肯定了以毛泽东为代表的正确意见。这对于当时分清是非，促进党和军队的团结，具有十分重要的意义。

为彻底解决党和军队内部存在的各种问题，1929年12月28日，红四军党的第九次代表大会在福建上杭古田召开。会上，陈毅传达了中央“九月来信”的精神，毛泽东作政治报告，朱德作军事报告。这次会议通过了毛泽东为大会起草的《中国共产党红军第四军第九次代表大会决议案》（史称“古田会议决议”）。

决议共分8个部分：（1）纠正党内非无产阶级意识的不正确倾向问题；（2）党的组织问题；（3）党内教育问题；（4）红军宣传工作问题；（5）士兵政治训练问题；（6）废止肉刑问题；（7）优待伤病兵问题；（8）红军军事系统与政治系统的关系问题。其中，第一部分是决议的核心，内容包括：关于单纯军事观点、关于极端民主化、关于非组织观点、关于绝对平均主义、关于主观主义、关于个人主义、关于流寇思想、关于盲动主义残余，每个方面都分析了存在的问题，提出了纠正的办法。

古田会议确立了红军必须置于党的绝对领导之下的重大原则，规定了红军的无产阶级性质和基本任务，肯定了政治工作的地位和作用。可以说，古田会议是党的历史上又一次伟大的自我革命。古田会议决议精神不仅在红四军中实行，经过党中央的推广，各地红军也先后照此执行，从而使整个工农红军肃清了旧军队的影响，建设成为真正的人民军队。

在古田会议精神影响下，在井冈山革命根据地的推动下，红军和农村根据地有了很大发展。但是，这种好的局面并没有维持多长时间。1931年1月，在共产国际的直接包办下，以王明为首的“左”倾教条主义者在党的六届四中全会上取得了实际领导权。1934年1月，临时中央在瑞金召开的六届五中全会把王明路线发展到极致。在长达4年时间里，王明“左”倾教条主义给党和红军造成致命的危害。1933年9月至1934年夏，中央苏区红军开展第五次反“围剿”作战，由于中共中央领导人博古和共产国际派来的军事顾问李德先是实行冒险主义的进攻战略，后又实行保守主义的防御战略，致使红军屡战失利，苏区日渐缩小。在这种危急关头，1934年10月，中共中央、中央革命军事委员会率领中央红军被迫开始战略转移。

遵义会议扭转危局

长征伊始，随着红军作战接连失利，特别是湘江战役损失惨重，红军内部的不满情绪达到顶点。党和红军的许多领导人和广大干部战士，从革命战争正反两方面的经验教训中认识到，第五次反“围剿”的失败和红军战略转移中遭受的挫折，是排斥了以毛泽东为代表的正确领导、贯彻执行错误的军事指导方针的结果，强烈要求改换领导，改变军事路线。中共中央大部分领导人对于中央军事指挥的错误问题，基本上取得一致意见。

在这种形势下，1935年1月15日至17日，中共中央在遵义召开了政治局扩大会议。会议的主要议题是总结第五次反“围剿”的经验教训。毛泽东在会上作了重要发言，着重批判了第五次反“围剿”和长征以来博古、李德在军事指挥上的错误，以及博古在总结报告中为第五次反“围剿”失败辩护的错误观点。张闻天、王稼祥、朱德、刘少奇等在会上发言，支持毛泽东的正确意见。

遵义会议对中央领导机构和人员进行了重大调整，增选毛泽东为政治局常委，取消博古、李德的最高军事指挥权，仍由中央军委主要负责人周恩来、朱德指挥军事。会后，常委进行分工：由张闻天代替博古负总责，毛泽东、周恩来负责军事。在行军途中，又成立了由毛泽东、周恩来、王稼祥组成的三人军事指挥小组，负责长征中的军事指挥工作。至此，遵义会议以后的中央组织整顿工作大体完成。

遵义会议在批判“左”倾教条主义的组织原则和领导方式的斗争过程中，为马克思主义政党进行自我革命树立了光辉的榜样。正如刘少奇所说：过去党“虽然否定过几次错误路线，但是实际上只是处分了犯错误的领导者，并没有正确分析那些错误和那些错误在思想认识上的根源，因而就不可能帮助党的干部提高觉悟水平”。与此同时，遵义会议还开始纠正宗派主义、惩办主义的干部政策，在对犯错误的主要负责人进行严肃批判和斗争、组织上作出适当调整时，不搞过火斗争，不过多追究个人责任。这样，既能达到治病救人的目的，又有利于全党在马克思主义基

图为遵义会议会址。

遵义会议参加人员
政治局委员
毛泽东（1893-1976）
中华苏维埃共和国中央政府主席
张闻天（1900-1976）
又名洛甫，中华苏维埃共和国中央人民政府、人民委员会主席
周恩来（1898-1976）
中国工农红军革命军事委员会副主席，红军总政治委员，长征开始时为中央“三人团”成员
朱德（1886-1976）
中国工农红军革命军事委员会主席、红军总司令
陈云（1905-1995）
全国总工会党团书记，长征开始时为红五军团中央代表，军委纵队政治委员，遵义警备司令部政治委员
秦邦宪（1907-1946）
又名博古，中共中央总负责人，长征开始时为中央“三人团”成员
政治局候补委员
王稼祥（1906-1974）
中国工农红军革命军事委员会副主席，红军总政治部主任
刘少奇（1898-1969）
全国总工会委员长，中共福建省委书记，长征开始时为红八军团中央代表
邓发（1906-1946）
国家政治保卫局局长
何克全（1906-1955）
又名凯丰，共青团中央书记，长征开始时为红九军团中央代表
参加会议的其他人员
刘伯承（1892-1986）
红军总参谋长、军委纵队司令员，遵义警备司令部司令员
李富春（1900-1975）
中央候补委员，红军总政治部副主任、代主任
林彪（1907-1971）
红一军团军团长
聂荣臻（1899-1992）
红一军团政治委员
彭德怀（1898-1974）
中央候补委员，红三军团军团长
中央候补委员，红三军团政治委员
红五军团政治委员
中央秘书长
李德（1901-1974）
伍修权（1908-1997）

图为遵义会议参加人员。

础上团结起来，在总结经验教训的基础上不断前进。

遵义会议是党的历史上一个生死攸关的转折点。在这次会议上，中国共产党运用马克思主义基本原理独立自主地解决了中国革命的路线、方针和政策问题。自此以后，以毛泽东为代表的中国共产党人从实际出发，独立自主地指导中国革命，党的事业和党的建设工作开始走上快速发展的正确轨道。

延安整风开创了用整风方式加强党的自我革命的成功范例

遵义会议以后，中国共产党从军事上、政治上纠正了以教条主义为特征的王明“左”倾错误。但是，由于连续行军打仗，中国共产党还没有来得及从思想上系统地彻底清算这种错误，党的干部对这种错误的思想根源还缺乏深刻的认识。全面抗战爆发以后，党的队伍又有了很大的发展，新党员迅速增加了70多万名。这些新党员革命积极性很高，但他们绝大多数出身于农民和小资产阶级。由于紧张残酷的战争环境，党组织还来不及对他们进行比较系统的马克思列宁主义教育。

为提高全党的马列主义水平，纠正党内的各种非无产阶级思想，从1942年春天开始，中国共产党在全党范围内开展了一场旨在加强党的思想、组织和作风建设的整风运动。1942年2月，毛泽东先后作了《整顿党的作风》《反对党八股》的讲演，整风运动从延安开始展开。6月，中共中央宣传部发出了《关于在全党进行整顿三风学习运动的指示》，全党范围的整风运动由此拉开帷幕。全党

图为延安整风运动期间，战士们参加学习。

普遍整风的内容是反对主观主义以整顿学风，反对宗派主义以整顿党风，反对党八股以整顿文风。整风的方法，是认真阅读整风文件，联系个人的思想、工作、历史以及自己所在地区部门的工作进行检查，开展批评与自我批评，弄清犯错误的环境、性质和原因，逐步取得思想认识上的一致，提出努力的方向。

这次整风运动，中国共产党在总结历史经验的基础上，第一次明确提出解决党内矛盾、加强党的自我革命的科学方法，即

"惩前毖后、治病救人"。正如毛泽东所指出的，我们从历史经验中"找到了一个公式，团结—批评—团结，或者说，惩前毖后、治病救人"。这里的"惩前毖后"，说的就是对错误的东西一定要开展批评，"好好地说理"，摆事实、讲道理，以理服人，使党员和干部对过去的错误"在思想上完全弄清楚"，以避免今后再犯类似的错误，而不应该像过去那样着重于一些个别同志的责任。

中国共产党之所以伟大，不在于从来不犯错误，而在于具有批评和自我批评的自觉。正是经过这次延安整风运动，批评和自我批评由一般意义上的组织建设工具转化为推动马克思主义中国化、实现党的自我革命的新的工作作风。

至1945年4月，中共六届七中全会通过《关于若干历史问题的决议》，使全党尤其是党的高级干部对中国民主革命的基本问题的认识达到在马克思列宁主义基础上的一致，整风运动宣告胜利结束。延安整风运动，开创了用整风方式加强党的自我革命新的成功范例，形成了理论和实际相结合的作风、和人民群众紧密联系在一起的作风以及批评与自我批评的作风，重新塑造了中国共产党的形象，为夺取抗日战争乃至新民主主义革命的胜利奠定了基础。

七千人大会：社会主义建设过程中的自我革命

中华人民共和国成立后，中国共产党在领导人民完成巩固新政权和恢复国民经济的任务之后，领导人民开展了大规模的经济建设，进行了轰轰烈烈的社会主义改造，使中国最终走上了社会主义道路。

中国的社会主义道路该如何走？这是摆在中国共产党人面前的一个崭新课题。

在中国这样一个幅员辽阔、人口众多、经济文化落后、地区发展不平衡的大国建设社会主义，是一项十分艰巨而又异常复杂的任务。以毛泽东为代表的中国共产党人基于中国经济文化落后的基本现状，带领党和人民围绕“什么是社会主义”“怎样建设中国的社会主义”等问题，对适合中国国情的社会主义建设道路进行了一系列具有开创性的探索。在最初的探索中，中国共产党带领中国人民既取得了成功，也难免走了一些弯路，犯了一些急于求成的错误。“大跃进”运动和人民公社化运动，就是当时急于求成的典型案例。

1958年以来，由于“大跃进”、人民公社化运动连续3年多的失误，国家生产建设和人民生活都出现了严重困难。中央领导同志开始在一系列会议上总结教训。1962年1月11日至2月7日，中共中央在北京举行扩大的中央工作会议（史称“七千人大会”）。会议的目的是总结经验，统一认识，加强民主集中制，切实贯彻调整国民经济的方针，以迅速扭转国民经济困难的局面。

会上，刘少奇代表中共中央作书面报告并讲话，初步总结了1958年以来社会主义建设的基本经验教训，分析了几年来工作中的主要缺点错误。毛泽东在会上作了讲话，着重指出必须健全党的民主集中制，必须在总结正反两方面经验的基础上，加深对社会主义建设规律的认识。他在讲话中带头作了自我批评。中央各部委、各大区、省委的负责同志都作了自我批评，检查了自己几年来的错误、缺点，听取了地、县同志的批评意见。

大会发扬民主，开展批评和自我批评，强调要恢复党的实事

图为“七千人大会”期间，毛泽东、刘少奇、周恩来、朱德、陈云和邓小平交谈。

求是、群众路线的优良作风，要健全党内民主生活，加强集中统一。这对于统一全党思想、提高认识和纠正工作中发生的“左”的错误，起到了积极的作用。“七千人大会”是新中国成立后党的自我革命又一个成功的范例。1992年，时隔30年后，邓小平回忆说："在我们党的历史上，像七千人大会这样，党的主要领导人带头做自我批评，主动承担失误的责任，这样广泛地发扬民主和开展党内批评，是从未有过的，所以它的意义和作用，在我们这些亲身经历过的人当中，永远不会忘记，而且我相信历时愈久，影响愈深。"

改革开放：中国共产党又一次自我革命

1976年10月，持续10年之久的"文化大革命"宣告结束。"文化大革命"给党、国家和各族人民带来深重灾难。发动"文化大革命"的最初目的是反修防修，使党永不变质。但是，由于"左"倾错误思想在党的指导思想上占据统治地位，加上林彪、江青反革命集团的破坏，马克思主义的基本原理被歪曲，党委被踢开，党的组织处于瘫痪状态，各级干部被打倒或遭受冲击，党的各项事业遭到严重破坏。

针对自身内部长期存在的极左错误以及"两个凡是"思想的禁锢和"以阶级斗争为纲"的错误方针，以邓小平为代表的中国共产党人认为，完全有必要在全国范围内开展一场思想路线上的"革命"运动。

1978年12月18日至22日，党的十一届三中全会召开，作出了把全党工作重点转移到社会主义现代化建设上来的战略决策。全会重新确定了中国共产党的正确的思想路线，批判了"两个凡是"的错误方针，强调必须完整、准确地掌握和运用毛泽东思想的科学体系，高度评价了关于真理标准问题的讨论，确定了"解放思想，开动脑筋，实事求是，团结一致向前看"的指导方针。

图为中共十一届三中全会会场。

全会果断地停止使用“以阶级斗争为纲”这个不适用于社会主义社会的口号，否定了党的十一大沿袭的“文化大革命”中的所谓“无产阶级专政下继续革命”，以及“‘文化大革命’今后还要进行多次”等“左”倾错误观点。全会决定在组织上健全党规党纪，健全党的民主集中制，反对接受和制造个人崇拜，加强集体

改革开放 40 多年来，深圳由昔日小渔村发展成为一座国际大都市。图为深圳市貌。

领导。从此，中国进入改革开放和社会主义现代化建设新时期。

改革开放是中国共产党的又一次自我革命。这场革命，既深刻改变了中国社会，深刻改变了中华民族，也深刻改变了中国共产党自身。从以阶级斗争为纲到以经济建设为中心，从封闭半封闭到全面对外开放，从计划经济到社会主义市场经济，这些历史巨变背后的原动力正是中国共产党对社会主义建设进程中形成的一些不适应现代化建设要求的思想观念、行为习惯与体制机制所作的自我革命。正是通过这样一次深刻的自我革命，中国共产党开启了带领中国人民建设中国特色社会主义的伟大征程，当之无愧地成为中国特色社会主义伟大事业的领导核心。

自我革命永远在路上

党的十八大以后，中国特色社会主义进入新时代，世情、国情、党情也发生了深刻变化。从世情来看，当今世界正在经历百年未有之大变局，世界局势变得更加波诡云谲与复杂敏感；从国情来看，当前国内改革已经进入“攻坚期”和“深水区”，改革发展稳定的任务变得更加艰巨与繁重；从党情来看，党内存在的突出问题尚未从根本上得到解决，“老问题”反弹与“新问题”出现的风险并存，“四大考验”（执政考验、改革开放考验、市场经济考验、外部环境考验）和“四种危险”（精神懈怠危险、能力不足危险、脱离群众危险、消极腐败危险）变得更加复杂严峻。

以习近平同志为核心的党中央以从严管党治党开局起步，以刀刃向内的政治勇气向党内顽瘴痼疾开刀，体现了中国共产党自我革命的坚定决心与坚强意志。从实施中央八项规定转变作风到扎紧制度笼子加强党内监督，从“打虎”“拍蝇”“猎狐”无禁区、全覆盖到坚决查处重大腐败案件，从党的群众路线教育实践活动到“两学一做”学习教育常态化制度化，从全面规范党内政治生活到着力营造山清水秀政治生态，这一系列自我革命新举措取得了显著成效，使中国共产党在刮骨疗毒中解决了自身思想、

党的十八大以来，中共中央从加强和改进党的领导这一根本原则出发，充分发挥巡视利剑作用，有力推动了全面从严治党向纵深发展。图为中央巡视组进驻河北省。

组织、作风、纪律等方面存在的一系列重大问题，扭转了长期以来存在的管党治党失之于宽、失之于松、失之于软的局面。

2016年7月，习近平总书记在庆祝中国共产党成立95周年大会上，郑重提出“自我革命”这一理论命题，发出中国共产党“要以勇于自我革命的气魄、坚忍不拔的毅力推进改革，敢于向积存多年的顽瘴痼疾开刀……以自我革命的政治勇气，着力解决党自身存在的突出问题”的伟大号召，将中国共产党的自我革命置于前所未有的战略新高度，其目标就是使中国共产党永葆先进性和纯洁性，着力提升中国共产党自我净化、自我完善、自我革新以及自我提高的能力，进而巩固自身长期的执政地位。正是靠着自我革命的勇气，靠着壮士断腕的精神，中国共产党实现了又一次“凤凰涅槃”，实现了自身面貌和自身战斗力的提升，实现了党心军心民心的提振，开创了管党治党工作的崭新局面，开辟了坚持和发展中国特色社会主义的崭新境界。

自我革命永远在路上。中国共产党一百余年的奋斗历程充分证明，自我革命精神是由中国共产党艰苦卓绝的历史铸就的，已深深融入中国共产党人的精神血脉，中国共产党就是这样不断检视自己、净化自己，一次次拿起手术刀来革除自身的病症，一次次靠自己解决了自身问题。不断进行自我革命，及时消除党内存在的突出问题，从而更好地顺应时代发展的潮流、实践发展的要求，永葆党的先进性和纯洁性，这就是中国共产党不断从胜利走向胜利的成功密钥。

第七章

时代的楷模：中国共产党的人格力量

领导者如何实现有效的领导？列宁明确指出，主要不是靠权力，而是靠威信、毅力、丰富的经验、多方面的工作以及卓越的才能。孟子说：“以力服人者，非心服也，力不赡也；以德服人者，中心悦而诚服也。”领导干部的影响力，主要包括两个方面，一是权力性的，一是非权力性的。包括人格力量在内的非权力影响力，其内涵是无形的，作用是巨大的，也更具号召性、感染力。

人格力量，是一个人在能力、品德、精神风貌等方面所展现出的最能吸引人的魅力。一个人能不能受到欢迎、信任，最关键的靠什么？人格力量。人格力量强大者，无需地位、权力等外在因素加持，就能让人心悦诚服地接受你、支持你。

邓小平曾说：“共产党人干事业，一靠真理的力量，二靠人格的力量。”所谓真理的力量，是指认识和掌握反映事物发展的客观规律，指引人们朝着正确的方向实践的能力。所谓人格的力量，是指依靠人的信仰、气质、品德、才智等汇聚而成的感召力、影响力、带动力。

那么，中国共产党的人格力量是什么样子的呢？

中国共产党的伟大人格力量，是百余年来中国共产党人思想理论、理想信念、政治品格、道德追求、工作作风、精神风貌、历史文化传承的集中体现，是靠千千万万党员的人格魅力汇聚而成，是中国共产党区别于其他政党的鲜明特征和显著标志。

中国共产党的伟大人格力量是无产阶级政党革命精神的真实反映。中国共产党人在革命、建设、改革的伟大实践中，在艰苦卓绝的斗争中，始终坚持把真理的力量、理想和信仰的力量不断转化为人格的力量，进而使马克思主义的真理力量展现出强大的生命力和鲜活的感染力。

一个伟大的政党，只有掌握正确理论才能为人民指引前进方向，只有具备高尚品格才能赢得人民的认可、尊敬和追随。回顾百余年的风雨历程，我们可以看到，中国共产党人的历史，就是一部人格力量千锤百炼、反复锻造的历史。中国共产党之所以能够带领人民战胜一切艰难险阻，从一个胜利走向另一个胜利，一个非常重要的原因就是不断涌现出一批又一批具有超强人格力量的优秀共产党员。这些优秀共产党员，为了国家的独立富强，为了人民的事业，心系天下，公而忘私，艰苦奋斗，矢志不渝，一往无前，集传统人格力量精华和党性原则于一身，为实现共产主义的理想不惜牺牲自己的一切，个个堪称“时代的楷模”。千千万万的群众认识、了解中国共产党，最早并不是通过学理论、听宣传、看原著，而是通过身边的共产党员的道德品行、人格魅力、工作作风、牺牲精神等实际表现来感知中国共产党并产生信赖的，然后才进一步认识、学习、理解党的理论和路线方针政策，进一步追随党、听党话、跟党走。一代又一代优秀共产党人的人格力量，养天地正气，引万众归心。

在党的历史上，涌现出了许许多多具有人格力量的优秀人物。他们投身于革命、建设和改革事业中，坚定理想信念，坚持

图为江苏南京雨花台烈士陵园革命烈士纪念碑前的台阶上，万盆鲜花组成的“信仰”字样格外醒目。

马克思主义立场；对党忠诚，坚持党的利益高于一切；服从组织，严格遵守党的纪律；实事求是，坚持理论联系实际；密切联系群众，全心全意为人民服务。哪里有困难，哪里就有共产党员冲锋在前；哪里有危险，哪里就有共产党员挺身而出，这正是中国共产党人格力量的生动体现。

中国共产党的伟大人格力量，并不是抽象的概念，而是有着丰富内涵与鲜明品质，生动具体地体现在共产党员的行动上。千千万万个共产党员，在用自己的实际行动锤炼和实践着人格力量。

为理想英勇献身的精神

李大钊是中国共产党的主要创始人之一。1889年10月29日，李大钊出生于河北省乐亭县大黑坨村。那时，中国正处在帝国主义列强加紧侵略和封建统治愈益腐朽而造成的深重灾难之中，国家和民族濒于危亡。李大钊目睹了民不聊生的悲惨境地，自幼“即矢志努力于民族解放之事业”，忧国之所忧，哀民之所哀，下定决心挽救“神州陆沉”。

为了“改进立国之精神”“求一可爱之国家”，他“蕴蓄其智勇深沉刚毅果敢之精神，磨炼其坚忍不拔百折不挠之志气”，“自束发受书，即矢志努力于民族解放之事业，实践其所信，励行其所知，为功为罪，所不暇计”。

在李大钊的影响下，许多先进青年不仅在“五四”时期成为具有初步共产主义思想的知识分子，而且很快地成为马克思主义者。毛泽东后来在和斯诺谈话时曾回忆说：“我在李大钊手下担

图为李大钊故居，位于北京市西城区文华胡同 24 号，是西城区爱国主义教育基地。1920 年春至 1924 年 1 月，李大钊一家租住在此。

任国立北京大学图书馆助理员的时候，曾经迅速地朝着马克思主义的方向发展。”

在李大钊的身上，充分体现了积极向上、百折不挠、刚毅进取的民族精神和中国知识分子的优秀品格。他生活俭朴，反对奢靡。他济贫扶危，仗义疏财。当党组织缺乏活动经费的时候，他毫不犹豫地拿出工资进行资助；当贫困的青年学生需要帮助时，他慷慨解囊进行扶助；当同胞和国际友人遇到困难时，他热心捐助以解危困。很难想象，在北京大学任职期间，每月拿240块大洋薪水的李大钊，因为经常倾家纾难、接济贫寒青年和支持革命活动，常年过着“黄卷青灯，茹苦食淡，冬一絮衣，夏一布衫”的清贫生活，以至于校长蔡元培特别吩咐学校会计科，发工资时要预先扣下一部分，直接交给李大钊的夫人，以免这一家人生活无以为继。在他牺牲后，家里一贫如洗，“棺椁衣衾，皆为友助”，令人垂泪。

为了追求革命真理、追求民族独立和人民解放，李大钊把个人生死置之度外。1927年4月6日，奉系军阀张作霖在北京逮捕了李大钊等80余人。尽管在狱中，李大钊仍然为一同被捕的难友讲解马列主义学说，宣传共产主义。4月28日，张作霖下令将李大钊等20位革命者绞杀在西交民巷京师看守所内。李大钊第一个走上绞架，从容就义，时年38岁。在刑场，李大钊大义凛然，坚贞不屈，笃信真理不会消亡，“不能因为你们今天绞死了我，就绞死了伟大的共产主义！我们已经培养了很多同志，如同红花的种子，撒遍各地！我们深信，共产主义在世界、在中国，必然要取得光辉胜利！”为了坚持与践行自己的崇高理想，李大钊英勇地牺牲在敌人的绞刑架下。他遇害的噩耗传出后，当时党的机关报《向导》特地发表悼念文章，称他是“最勇敢的战士”。

李大钊一生忠于理想信念，忠于党的事业，做到了“勇往奋进以赴之”“瘅精瘁力以成之”“断头流血以从之”。为了求得挽救国家民族之良策，他年轻时就“急思深研政理”，终于找到了马克思主义这个真理。自从信仰了马克思主义，李大钊就把走社会主义道路当作救国救民的良策，矢志不渝。他把对这一理想信念的追求，作为安身立命的根本和终生奋斗的目标，作为战胜一切艰难险阻的巨大精神动力。李大钊心甘情愿为党的事业抛头颅、洒热血，坚定不移地跟党走，面对诱惑不改初衷，面对危险和死亡毫无惧色。被捕后，他千方百计保守党的秘密，念念不忘的是如何保护革命同志和爱国青年。这种博大的胸怀和高尚的精神境界，是李大钊用鲜血和生命对共产党人伟大人格力量的完美诠释。

因为信仰，中国共产党人即使在极端险恶恐怖的形势下，也无所畏惧。从1927年3月至1928年上半年，全国有31万余人牺牲在国民党反动派的屠刀之下，其中有2.6万余名共产党员，包括罗亦农、赵世炎、陈延年、陈乔年、李启汉、萧楚女、邓培、向警予、张太雷等革命烈士。这期间，有不少人退党，但有更多人入党。面对敌人的屠刀，共产党人没有被吓倒，更没有向反动势力屈服，他们始终坚信，共产党人是杀不完的，革命终究要胜利，反动派终究要灭亡！坚信革命一定会胜利，共产主义一定会实现，这是深深植根在每一位共产党人坚强党性中的信仰的力量。

对党的无限忠诚

受进步思想的影响，叶挺自青年时代起就立志救国，很早就追随孙中山先生走上革命道路。1924年，他加入中国共产党，由信仰三民主义转而信仰共产主义，参加并领导了八一南昌起义。后来由于受到李立三、王明的无端指责，叶挺决定退出共产党，在国外流亡长达10年，但他仍然与党保持密切联系，共产主义信仰从未动摇。

抗日战争爆发后，叶挺被任命为国民革命军新编第四军军长，在华中敌后战场坚持抗战。1941年1月，国民党反动派制造震惊中外的皖南事变，在遭受国民党军重兵包围的危急情况下，叶挺指挥部队奋起突围，浴血奋战8个昼夜，在与国民党军交涉时被扣押，被关在监狱长达5年之久。

在这5年时间里，蒋介石不断派人对叶挺进行劝降，许以高官厚禄。叶挺不为所动，大义凛然地予以痛斥："三军可夺帅，匹夫不可夺志！"陈诚也以"老同学"之名，先派人馈送奇缺之物，并劝叶挺前往缅甸抗击日本侵略者，遭到了叶挺的婉拒。国民党当局见叶挺不肯投降，便从生活上折磨叶挺，每日只给两餐食物，而且都是发霉的玉米和糙米，但叶挺始终不为所屈，常以"宁肯饿肚子，也不吃嗟来之食"自励。

国民党当局无计可施，只好继续扣押叶挺，先后将他囚禁于江西上饶、湖北恩施、广西桂林等地，最后转移到重庆"中美特种技术合作所"监禁。在这里，叶挺继续与反动派作斗争，并写出了举世闻名的《囚歌》，表达了自己为信仰而赴死的决心："为人进出的门紧锁着，为狗爬出的洞敞开着，一个声音高叫着：爬出来吧，给你自由！我渴望自由，但我深深地知道——人的身躯怎能从狗洞子里爬出！我希望有一天，地下的烈火，将我连这活棺材一起烧掉，我应该在烈火和热血中得到永生！"

1946年3月，在中国共产党的不断交涉下，蒋介石不得不下令

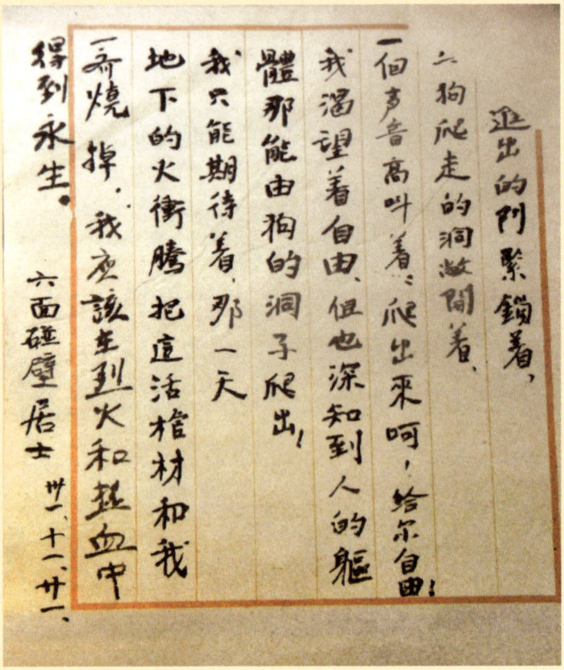
進出的門緊鎖着，
二狗爬走的洞敞開着，
一個声音高叫着：爬出來呵，給尔自由！
我渴望着自由，但也深知到人的軀體那能由狗的洞子爬出！
我只能期待着，那一天
地下的火衝騰，把這活棺材和我
一齊燒掉，我應該在烈火和熱血中
得到永生。
六面碰壁居士 卅一、十一、廿一

图为1942年叶挺在重庆狱中写下的《囚歌》，表明了对共产主义的信念和对革命的忠贞

释放叶挺。在被国民党当局囚禁了五年零两个月后，叶挺重获自由。他走出牢狱的第一件事就是给毛泽东发电报，要求重新加入中国共产党，他在电文中写道：“我于昨晚出狱。我决心实现我多年的愿望，加入伟大的中国共产党，在你们的领导之下，为中国人民的解放贡献我的一切！”

中共中央随即复电，接受他为中国共产党党员。

叶挺为中国人民的解放事业进行了20多年的奋斗，经受了各种严峻的考验。在外流亡和被国民党当局囚禁期间，他历尽磨难、一心向党，充分体现了百折不挠的革命意志和坚定不移的政

治信仰。周恩来曾深情地评价叶挺：“十年流亡，五年牢监，虽苍白了你的头发，但更坚强了你的意志。”

革命乐观主义精神

1928年，在井冈山革命根据地，红军官兵不得不面对粮食短缺的问题。一个80人左右的连队，一餐饭只有3斤米，红军只能吃红米饭，喝南瓜汤。条件虽然艰苦，红军战士却不以为意，“红米饭，南瓜汤，秋茄子，味好香，餐餐吃得精打光”。这首描述当时艰苦生活的歌谣在红军将士中广为传唱，反映了红军部队积极、乐观的精神面貌。

在红军长征途中，面对极端恶劣的自然环境，面对艰巨险恶的斗争环境，广大红军战士充分发扬革命乐观主义精神，不畏艰险，充分发挥人的主观能动性，血战湘江、四渡赤水、巧渡金沙江、强渡大渡河、飞夺泸定桥、翻过皑皑的雪山、穿越茫茫的草地，长途跋涉二万五千里，纵横大半个中国。在行军途中，战士们的歌声此起彼落，响彻云霄。红军宣传队编的快板诗歌，“伴着有节奏的锣鼓声、口琴声，使伤病员忘记了自己的病痛，战士们更加精神抖擞，不知道什么是疲劳”。“连队干部和部队首长经常走在队伍的最后面，当收容队，帮助掉队的战士背枪、背行李，互助友爱，亲如兄弟。”

美国记者埃德加·斯诺根据自己的采访经历，在其所著的《西行漫记》一书中，记录了生产和战斗在一线艰苦岗位上的普通士兵工作认真、生活活泼、团结友爱、纪律严明的场景。在他的照片和文字中，这支“红色的农民军队”上上下下充满着朝气和自

图为 1935 年，红军长征途中翻越大雪山。

信。毛泽东对此有过明确的论述，他说：“这个军队有一往无前的精神，它要压倒一切敌人而决不被敌人所屈服。无论在任何艰难困苦的场合，只要还有一个人，这个人就要继续战斗下去。”

革命的乐观主义精神不是平白无故就有的，而是只有拥有坚定的信仰、革命的激情、强有力的执行力的革命军队才能产生出来的精神力量。这种精神力量，来源于革命者对生死的无畏、对信仰的不渝，来源于革命队伍中每一位指战员的朴素情感，也来源于革命领袖的英雄气质。朱德总司令曾指出：“革命的英雄主义，是视革命的利益高于一切，对革命事业有高度的责任心和积极性，以革命之忧而忧，以革命之乐而乐，赤胆忠心，终身为革命事业奋斗”。可以说，在长征的艰苦行军中，中国共产党人锻造出了自信、团结、守纪律、有信仰的革命乐观主义精神。这种精神，也让斯诺为之赞叹：“我和红军相处的四个月，是一段极为令人振奋的经历。我在那里遇到的人们似乎是我所知道的最自由最幸福的中国人。在那些献身于他们认为完全正义的事业的人们身上，我强烈地感受到了充满活力的希望、热情和人类不可战胜的力量。”

中国共产党和人民军队正是靠着这种革命乐观主义精神，战胜了一次次生死存亡的考验，最终赢得抗日战争和解放战争的伟大胜利，谱写出中国历史上乃至世界历史上最恢弘、壮烈的英雄乐章。

无私奉献、一心为民的真挚情怀

奉献，是中华民族的传统美德，更是中国共产党人的重要精神特质。毛泽东年轻时就有感于广大人民的痛苦生活，从而“下定这样的决心：我将以一生的力量为痛苦的人民服务，将革命事业奋斗到底”。后来，他更将“全心全意为人民服务”确定为中国共产党的根本宗旨，“我们这个队伍完全是为着解放人民的，是彻底地为人民的利益工作的”。刘少奇也说：“我们党从最初起，就是为了服务于人民而建立的，我们一切党员的一切牺牲、努力和斗争，都是为了人民群众的福利和解放，而不是为了别的。这就是我们共产党人最大的光荣和最值得骄傲的地方。”周恩来同样讲过：“人民的世纪到了，所以应该像条牛一样努力奋斗，团结一致，为人民服务而死。”他自己率先垂范，把毕生精力都奉献给人民，直至鞠躬尽瘁，死而后已。

在党的百年历史长河中，许许多多的共产党人身上都闪耀着无私奉献、一心为民的初心光辉。下面介绍的三位共产党员，就是他们中的杰出代表。

谷文昌带领人民战风沙。在福建省东山县东南部的谷文昌纪念馆中，详细记述了永远活在人民心中的县委书记——谷文昌带领全县人民与大自然作艰苦卓绝抗争的感人事迹。

1950年，刚刚解放的东山岛一片荒凉，一年中刮六级以上大风的时间长达150多天，在全岛194平方公里的土地上森林覆盖率仅为0.12%。海岛东南部横亘着30多公里长的沙滩，茫茫一片，寸草不生，还有40多个流动沙丘，沙随风势不断向人们进逼。有田无法种，种了无收成。恶劣的环境使人们不得不成群结队外出乞讨。面对多灾多难的群众，作为县领导干部的谷文昌，吃不好饭、睡不好觉，做梦也在想着战胜风沙，根治旱涝，让人民过上好日子。他下定决心：为了人民群众的幸福生活，一定要向风沙宣战！

话剧《谷文昌》再现了福建东山县原县委书记谷文昌平凡而伟大的一生。图为话剧《谷文昌》剧照。

黄大发，曾任贵州省遵义市平正仡佬族乡团结村党支部书记，被誉为“现代愚公”。他带领群众，用 36 年时间在绝壁上凿出“生命渠”。

治理风沙，说起来容易，做起来却难。谷文昌每天亲自带领技术人员探风口，查沙丘，在风沙扑打中前进，用血肉之躯感受狂风的力度、飞沙的流向。他几乎走遍了东山县的大小山头，走访了每一户群众，制定了“筑堤拦沙、种草固沙、造林防沙”的方案。林草防沙的方案虽好，可适合东山县种植的林草却难找，谷文昌带领大家植树造林，先后种过10多个树种、几十万株苗木，一次也没有成功。许多人摇头叹息：“东山这个鬼地方，神仙也治不住风沙！”面对困难，谷文昌没有被吓倒，而是与科技人员总结经验，寻找合适的林木品种。坚持就有收获，经过大量翻阅资料，他们发现木麻黄可以有效防治风沙。从1959年开始，谷文昌带领大家开始了种植木麻黄、防御风沙、绿化东山的工作。他们克服了肥料不足、病虫害侵袭的困难，经过十几载的苦战，终于筑起了一道“绿色长城”，硬是治服了“神仙都难治”的风沙，让东山县的面貌焕然一新。

治沙工作初步成功，可是群众的生活还很贫穷，谷文昌带领县政府工作人员马不停蹄地投入到农村建设中。他白天和群众一起劳动，晚上与群众一起座谈，住在农民的柴草间里，一日三餐与群众吃在一起，共商恢复发展生产大计。东山的山山水水都闪动着他的身影，村村寨寨都留下过他的足迹。在他的带领下，东山人民终于走上了富裕的道路。

高强度的工作累垮了他的身体，可是他毫不在意，继续奋斗在造福群众的战斗第一线。他把“不带私心搞革命，一心一意为人民”写在纸上，立下“不把人民拯救出苦难，共产党来干什么”的誓言，大事小情想到群众心底里，干到群众心坎上。

黄大发一心修渠为人民。黄大发曾担任贵州省遵义市播州区平正仡佬族乡团结村党支部书记，20世纪60年代起，他带领200多名群众，历时30余年，靠着锄头、钢钎、铁锤和双手，硬生生在绝壁上凿出一条长9400米、地跨3个村的“生命渠”，结束了当地长期缺水的历史，使草王坝每年粮食产量从原来的3万公斤增加到近50万公斤。

“干部干，群众看。”从材料运输到野外施工，年近6旬的黄大发总是冲在最前面。放炮需要的炸药，是他来回步行36公里到乡镇背回来的；筑渠需要的水泥，是他亲自到县城“押运”回来的。有一次运水泥的车行至半路，突遇暴雨，陷入泥潭，黄大发担心水泥被偷，硬是在水泥包上睡了一夜。修建水渠要经过3座大山、9处悬崖、10多处峻岭，其中大土湾岩、擦耳岩和灰洞岩最为险要，要从悬崖峭壁上打出半幅隧道才能通过。在修筑擦耳岩段水渠时，一处倒悬的崖壁无法测量，专业施工人员都不敢下去。黄大发二话不说，把麻绳系在自己身上，让人拉着吊下悬崖。吊到悬崖背后，大家看不到他了，吓得大气都不敢出。这时候，黄大发在下面大喊了几声，证明自己没事，大家这才放了心。当时在现场的村民沈秀贵说：“没有黄大发带头，这个工程修不起来。”1995年，一条跨3个村、10余个村民组，主渠长7200米、支渠长2200米的水渠终于完工。群众以黄大发的名字命名这条渠，叫它“大发渠”。渠修通后，黄大发又带着村民，把坡地改成了1200亩梯田，把硬化路和电通到了每家每户，并且翻盖了村里的小学。每次劳动，都是黄大发带着子女干在最前面。他用实际行动践行了新时期愚公移山精神。

杨善洲植树造林为人民。在领导干部任上，杨善洲喜欢戴草帽，穿草鞋，当地群众亲切地称呼他为“草帽书记”。杨善洲说：“带领群众干，做给群众看，不高高在上瞎指挥，群众才会服你。”为提高粮食产量，杨善洲在保场镇种了半亩试验田，改

图为云南保山杨善洲林场，杨善洲墓前雕像。

种粳稻，自己用“三岔九垄”式插秧，一亩地提高产量三四百斤。直到现在，云南保山当地群众还用“三岔九垄”办法插秧。此外，杨善洲还建了“坡地改梯田”、“条田”、茶叶、苞谷等试验田，群众称呼他为“粮书记”。

1988年，杨善洲在保山地委书记任上退休。退休后的第三天，他卷起铺盖赶到离大亮山最近的黄泥沟。地委大院消失了一位老书记，大亮山上多了一个赶马人。大亮山群众有人叫他大爹，有人叫他大哥——他们也不清楚杨善洲是多大的官。没钱建住房，杨善洲带领大家用树杈枝叶搭窝棚；没有公路，大家人挑马驮，把锅灶、粮食、行李搬上山。旱季整地、育苗，雨季一来临，杨善洲就带领大家起早贪黑植树。1988年，造林1万多亩。

“好个大亮山，半年雨水半年霜；前面烤着栗炭火，后面积起马牙霜。”在如此恶劣的环境中，杨善洲领着职工一边造林，一边盖房，花了7000元修建起40间油毛毡房。这油毛毡房，冬天冷，夏天闷，杨善洲一住9年多。

杨善洲在荒凉的山上造林20多年。2009年4月，82岁的杨善洲把5.6万亩大亮山林场经营管理权移交给县林业局，其中包括他上大街捡果核种下的50多亩果园。移交林场时，他不占林场一点好处。许多人劝杨善洲：就不能留下点儿吗？也有人说，这个社会有钱不要就是大憨包。杨善洲说：“我公开讲过的，退休后给家乡群众办点实事——共产党人说话算数，不能糊弄群众嘛！”2010年5月5日，他将政府奖励他的10万元捐给保山一中，用于资助高中部贫困学生。

“一切为民者，则民向往之。”爱人者，人恒爱之。正是因为中国共产党始终把人民放在心中最高的位置，秉持人民至上的追求，才使得千千万万人民群众产生了对中国共产党的高度信赖，建立了永远离不开的血肉联系。

纵观中国共产党的历史，就是一部党的革命传统和优良作风不断养成和传承弘扬的历史。一百余年来，中国共产党的人格力量无处不在、无时不在，始终是党团结人民、凝聚人心的最直观、最感人、最具魅力的力量，也必将是我们党面对新时代严峻挑战和各种风险，始终立于不败之地、永远站在历史制高点的伟大力量。

结语

100多年来，中国共产党领导中国人民改写了近代以后中华民族的屈辱历史，改变了近代以后中国人民的悲惨命运。没有共产党，就没有新中国，就没有中华民族伟大复兴，这是中国人民依据中国革命、建设、改革的历史经验得出的最基本、最重要的结论，是中国人民基于切身体会所确认的深刻认识。中国共产党是历史的选择、人民的选择，是党和国家的根本所在、命脉所在，是全国各族人民的利益所系、命运所系。

中国共产党从苦难中走来，为争取民族独立、人民解放历经千辛万苦，深知和平来之不易。在风云变幻的世界舞台上，中国共产党和中国政府既坚定地保持自信，也秉持谦虚态度和伙伴精神与其他政党和国家相处。中国共产党始终坚信，大党之大、大国之大，不在于体量大、块头大、拳头大，而在于胸襟大、格局大、担当大。中国共产党始终坚信，和平而不是战争、合作而不是霸道、对话而不是对抗、开放而不是封闭，才是人间正道，才能赢得未来。在错综复杂的国际形势中，中国共产党始终高举正义的旗帜，支持和平、反对战争，支持民主、反对强权，支持多边主义、反对单边主义，坚定维护世界和平，坚定维护国际公平正义。

面对百年未有之大变局，面对和平赤字、发展赤字、治理赤字、信任赤字，中国共产党提出构建人类命运共同体的宏伟倡议，号召世界各国携手合作，建设一个持久和平、普遍安全、共同繁荣、开放包容、清洁美丽的世界，解决当今世界面临的现实问题、实现人类社会和平永续发展。

今天，中国共产党正团结带领中国人民奋进在全面建设社会主义现代化国家的新征程上。到2035年，中国将基本实现社会主义现代化；到本世纪中叶，中国将全面建成富强、民主、文明、和谐、美丽的社会主义现代化强国。之后，中国共产党将领导人民向着更加高远的目标继续迈进。

无论国际风云如何变幻，中国共产党始终秉持和平、发展、公平、正义、民主、自由的全人类共同价值，始终弘扬国际主义精神，始终站在历史正确的一边，站在人类进步的一边，为世界和平发展作出贡献，与各国一道趋向人类命运共同体的美好未来。